湖南师范大学道德文化研究中心和湖南师范大学省重点马克思主义学院资助成果

湖南省普通高等学校教改研究项目"《共产党宣言》经典研读课的教学设计与实践"（湘教通[2018]436号）

湖南师范大学教学改革研究项目"《共产党宣言》经典研读课的教学设计与实践"（校行发教务字[2018]51号）

湖南师范大学2019年度校级规划教材建设项目"解读《共产党宣言》"（校行发教务字[2020]2号）

湖南师范大学2019年度通识教育核心建设课程"《共产党宣言》研读"（校行发教务字[2020]3号）

中国学者研学文库 | 政治与哲学书系

问题导引与文本释义
——解读《共产党宣言》

李风华 | 著

中国书籍出版社
China Book Press

图书在版编目（CIP）数据

问题导引与文本释义：解读《共产党宣言》/李风华著. --北京：中国书籍出版社，2022.7
ISBN 978-7-5068-9059-5

Ⅰ.①问… Ⅱ.①李… Ⅲ.①《共产党宣言》—马恩著作研究 Ⅳ.①A811.22

中国版本图书馆 CIP 数据核字（2022）第 115805 号

问题导引与文本释义：解读《共产党宣言》

李风华 著

责任编辑	马丽雅
责任印制	孙马飞 马 芝
封面设计	中联华文
出版发行	中国书籍出版社
地 址	北京市丰台区三路居路 97 号（邮编：100073）
电 话	（010）52257143（总编室） （010）52257140（发行部）
电子邮箱	eo@chinabp.com.cn
经 销	全国新华书店
印 刷	三河市华东印刷有限公司
开 本	710 毫米×1000 毫米 1/16
字 数	195 千字
印 张	15.5
版 次	2022 年 7 月第 1 版
印 次	2022 年 7 月第 1 次印刷
书 号	ISBN 978-7-5068-9059-5
定 价	95.00 元

版权所有 翻印必究

《马克思主义发展史·麓山论丛》总序

刘先江

列宁指出:"由于资产阶级的影响遍及马克思主义运动中的各种各样的'同路人',使马克思主义的理论基础和基本原理受到了来自各种相反方面的曲解,因此团结一切意识到危机的深刻性并了解到必须克服危机的马克思主义者来共同捍卫马克思主义的理论基础和基本原理,是再重要不过的了。"尽管列宁讲这段话已经过去了100多年,但对于今天,仍然有现实意义。在这个思想日益多元,马克思主义的传播面临着种种挑战的当下,深入学习马克思主义经典作家的基本著作,完整而准确地理解马克思主义基本原理,掌握马克思主义的发展历史和规律,这对于马克思主义的研究和传播,有着重要的意义。而这又需要全国的马克思主义理论研究者对马克思主义原理和马克思主义发展史做持久而深入的研究。

我所在的湖南师范大学马克思主义学院(以下简称"学院")是马克思主义研究中的一支重要力量。学院成立于2004年5月,学院所依托的马克思主义理论学科是湖南师范大学的传统优势学科,具有深厚的学科底蕴。湖南师范大学的前身——湖南师范学院在1953年就设立了马列主义教研室,开设马克思主义哲学、中国革命史、联共(布)

党史、政治经济学等课程，汇聚了一批年轻的马克思主义学者，主要有：王谦宇、谭双泉、周作翰、郭德干、李金奎、彭国璋、胡浩正等，他们后来成为我国有重要影响力的马克思主义理论教育家。1960年，学院设置了我省最早的思想政治教育本科专业，并延续至今，培养了大批优秀人才。重视马克思主义学科的传统在湖南师大一直得到传承并发扬光大，如今的湖南师大已成为湖南省马克思主义理论研究和宣传、人才培养和社会服务的重要基地，2016年1月入选湖南省首批重点马克思主义学院。

马克思主义发展史是马克思主义理论一级学科中下设的二级方向，它是一门研究马克思主义产生、发展的历史过程和规律的科学。本学科旨在系统研究马克思主义理论产生的时代背景和历史必然性，考察马克思主义发展的历史过程及其基本历史阶段，总结马克思主义自身发展和指导实践的历史经验，揭示马克思主义发展的一般规律和在不同历史阶段上发展的特殊规律，特别是与各国实际相结合而不断发展的规律。

湖南师范大学马克思主义理论学科对于马克思主义发展史的研究有着深厚的传统。已故周作翰教授在改革开放初期对修正主义问题、我国社会主义时期"左倾"思潮的剖析非常深刻，推动了理论界的思想解放。李屏南教授主持的"马克思主义社会主义观"丛书和"马克思主义政党观"丛书梳理了马克思主义经典作家在社会主义和政党这两个重要问题的论述和发展，在国内学界产生了较大影响，其中"马克思主义政党观"丛书获得了国家出版基金资助。吴家庆教授作为首席专家所主持的"马工程"重点教材《国际共产主义运动史》获得了中宣部的高度肯定。周仲秋教授在马克思、恩格斯的平等思想、列宁思想的研究也为学界所熟知。应该说，湖南师范大学的马克思主义发展史的研究方面，其传统比较深厚，成绩也比较突出。

中国特色社会主义进入了新时代，湖南师范大学的马克思主义理论学科也进入了新的发展时期。在这个新的时期里，马克思主义发展史学科的重要使命是继续发扬传统，推进马克思主义发展史研究，为我校马克思主义学科的发展壮大发挥重要作用。《马克思主义发展史·麓山论丛》是我校马克思主义发展史学科牢记使命继续前行的一种努力。我期待，通过这样一个论丛的形式，将我校马克思主义发展史研究的成果汇集起来，日积月累，最终形成一个具有影响力的学术品牌，成为中文学界马克思主义发展史研究中的一支重要力量。

序　言

我大约在2010年的时候，承担了一门"马克思主义政治学原著选读"的本科课程（这是政治学与行政管理专业的专业选修课），这门课程的第一篇文章就是《共产党宣言》（以下简称《宣言》）。虽然《宣言》的篇幅并不长，但我在学习和讲授的过程中，发现其中蕴含了诸多重要的思想，它们既与当时乃至今天的许多理论形成了对话和批判关系，同时又对于后来重要的马克思主义学说构成思想的源头。因此，如果要深入理解和把握《共产党宣言》，显然不是几个课时就能够完成的。我甚至用了一整个学期来讲解《共产党宣言》，但是仍然没有把它讲完。后来我在全校范围内开设了"《共产党宣言》研读"的课程，并得到学校和省教育厅教改项目的资金支持。本书是我有关《共产党宣言》的教学与科研的成果。

如何撰写这本有关《共产党宣言》的书，我颇费了一些心思。现有的解读著作大抵是导读性的著作，对于不了解的同学来说，迅速浏览一本《共产党宣言》的导读性著作，基本上可以把握《宣言》的总体思想。然而，对于原著研读的同学来说，导读性著作是远远不够的。在教学的过程中，我深感现有的有关《共产党宣言》的解读著作偏重基本原则与主要观点的介绍，对于同学们感兴趣的一些现实问题以及当前马克思主义研究中所蕴含的争议问题关注不够。一方面，它并没有遵循文本，因此遇到一些具有一定理论价值同时又比较费解的文本，导读性著作往往不会拎出来讨论；另一方面，导读性著作只是断言性的介绍，无心去深入当前理论界和人们所关注的一些深层次理论问题。因此，绝大多数导读性著作虽然对研读经典著作的教师和同学有一定的参考价值，但总体上并不能满足教师和同学们的需求。

在与同学们一起研读《共产党宣言》的过程中，虽然也有我的部分讲授，但我有意将课堂的主体交给了同学们。一般来说，我要求同学们在课外阅读，然后带着问题与感想到课堂一起分享和讨论。为了避免同学们轻易略过文本所蕴含的理论张力，我往往在课前有意识地向同学们提出一些问题，要求同学们在阅读中带着问题思想并做好笔记。同时也鼓励他们自己提出问题来，与其他同学和我一起讨论。我在课堂上的作用是尽可能鼓励同学们自发讨论，在一个问题讨论基本结束后，我再点评和总结，在这个过程中，尽可能地将所讨论的问题与国际共产主义运动史、中国当前的经济社会结构以及马克思主义研究的一些基本问题和争议问题联系起来，有时也将自己在相关问题上的思考和研究成果与同学们一起分享，指出研读《共产党宣言》的价值以及它对于进一步学术研究的意义。经过这样的教学实践，这样的研究是颇有价值的，有好几位同学都在谈感想时提到，没有想到《共产党宣言》具有如此深刻的理论价值，尤其是没有想到马克思主义具有如此强大的生命力。

因此，基于研读课程的教学体验，我决定将本书的体例确立为一种义疏式的问答体。这一体例包含如下几个特征：第一，遵从原文，依文本而做义疏。本书将所要解释的原文文本罗列出来，然后针对原文做解释。这种方式，比较接近于古典文献的解读，类似于解经。这既是对《共产党宣言》文本的尊重，同时也有利于读者把问题和解义直接与原文对照。当前《共产党宣言》导读性著作通常都不罗列原文，而是直接讲解并在讲解中引用原文。这样做，虽然保持了导读的完整性，但终究是以解读者为主，而不是以文本为主，不利于研读者深入学习文本。第二，选择关键性文本进行深入解读。中文古典文献义疏的特点是将全部原文都印出来，然后逐字逐句解读。这对于古典文献是有意义的，一则是因为中文古典著作的字数较少，二则现有研究已经积累了足够多的注释和义解，任何一个研究者，如果仅仅只是满足于部分文字的义疏的话，不足以成为一个合格的注经者。但是《共产党宣言》的译文是现代白话文，对于绝大多数中文读者来说，进行咬文嚼字式的解读并无必要，只需要对其中特别具有理论价值的判断进行深度解读就已经足够。因此，本书只挑选了部分文本来进行解读。第三，通过问答体进行问题引导和义蕴疏解。采取问答体，既是问题导向的直观体现，也是教学过程中教师的主动引导和同学们阅读疑问的总结。本书所列举的问题，是我与同学们在教学与研究过程中所遇到的一些问题的选萃，而回答的篇幅有长有短。有的偏重同学们的答疑解惑；有的则偏重我自己的深度探究。其中一些回答，是我在过去几年里所发表的论文。比如，《何谓资本主义》一节原文发表在《湖南师范大学社会科学学报》2013年第4期；《市场经济与民族国家：对斯大林民族形成条件理论的修正》，原文发表在《广西民族研究》2012年第4期；《资本主义发展不平衡：基于机制的解释》，原文发表在《政治经济学评论》2013年第3期；《奥尔森的诘难与当代马克思主义者的反驳》发表在《当代世界与社会主义》2010年第4期；《当代婚姻的实质：基于共同人身所有权的命运共同体》发表在《探索与争鸣》2019年第12期。这些具有一定深度的探讨，对于激发同学们的研究兴趣、拓展思考深度是有一定帮助的。

　　本研究受到如下基金项目的资助：它们是湖南省教育厅、湖南省教育工委的思政优秀团队建设项目（19GG22）；湖南省教育厅教学教改项目"《共产党宣言》经典研读课的教学设计与实践"（湘教通〔2018〕436号）；湖南师范大学教改项目"《共产党宣言》经典研读课的教学设计与实践"（校行发教务字〔2018〕51号）；湖南师范大学2019年度通识教育核心建设课程"《共产党宣言》研读"（校行发教务字〔2020〕3号）；湖南师范大学2019年度校级规划教材建设项目（校行发教务字〔2020〕2号）。本书的出版还得到了湖南师范大学马克思主义学院的资助。对于上述资助表达谢忱。在教学过程中，我的研究生龙子瑶曾经作为我的助教，收集整理同学们的疑问，参与同学们的讨论，在本书初稿中，曾撰写过部分问题的回答，在此表示特别感谢。

目　录
CONTENTS

绪论：《共产党宣言》的诞生 …………………………………… 1

第一章　七篇序言 …………………………………………… 15
  第一节　"那些革命措施根本没有特别的意义" ………… 15
  第二节　19世纪的美国与俄国 ……………………………… 18
  第三节　"贯穿《宣言》的基本思想" ……………………… 23
  第四节　"不能把它叫做社会主义宣言" …………………… 26
  第五节　无产者的国际联合 ………………………………… 29
  第六节　波兰民族问题 ……………………………………… 33
  第七节　1848年革命 ………………………………………… 35

第二章　资产者与无产者 …………………………………… 42
  第一节　阶级斗争与历史 …………………………………… 42
  第二节　阶级斗争的历史 …………………………………… 46
  第三节　共同事务委员会 …………………………………… 67
  第四节　资产阶级对社会关系的巨大变革 ………………… 70
  第五节　资产阶级的生存 …………………………………… 73

- 第六节　资产阶级与全球化 …………………………………… 76
- 第七节　资产阶级全球化的利器 ……………………………… 98
- 第八节　资本主义历史进程中的农村与城市问题 …………… 101
- 第九节　资本主义与民族 ……………………………………… 105
- 第十节　经济危机 ……………………………………………… 122
- 第十一节　无产者 ……………………………………………… 126
- 第十二节　机器与工人阶级的剥削 …………………………… 129
- 第十三节　小资产阶级的破产与工人阶级的来源 …………… 135
- 第十四节　工人阶级的联合问题 ……………………………… 140
- 第十五节　"两个必然" ………………………………………… 154

第三章　无产者和共产党人 …………………………………… **156**
- 第一节　共产党的性质 ………………………………………… 156
- 第二节　消灭私有制 …………………………………………… 159
- 第三节　资本是一种社会力量 ………………………………… 162
- 第四节　个性、独立性和自由 ………………………………… 164
- 第五节　观念与阶级 …………………………………………… 168
- 第六节　消灭家庭 ……………………………………………… 171
- 第七节　婚姻问题 ……………………………………………… 175
- 第八节　工人没有祖国 ………………………………………… 184
- 第九节　无产阶级革命 ………………………………………… 188

第四章　社会主义和共产主义的文献 ………………………… **194**
- 第一节　封建的社会主义 ……………………………………… 194
- 第二节　小资产阶级的社会主义 ……………………………… 197

第三节 德国的或"真正的"社会主义 ………………… 200
第四节 保守的或资产阶级的社会主义 ………………… 203
第五节 批判的空想的社会主义 …………………………… 206

第五章 共产党人对各种反对党派的态度 ……………… 211
第一节 在当前的运动中同时代表运动的未来 ………… 211
第二节 暴力革命 …………………………………………… 215

参考文献 ……………………………………………………………… 218

绪论：《共产党宣言》的诞生

《共产党宣言》是马克思主义最重要的文献之一，也是人类思想中最重要的文献之一。对它的解读，有助于我们理解它及其科学社会主义的基本内容，也是理解国际共产主义运动史的重要窗口。这里我们简要介绍《共产党宣言》诞生的历程。首先，我们来看马克思本人的思想发展进程。

一、马克思：从自由主义到共产主义

《共产党宣言》由马克思、恩格斯两人合著，由于马克思在马克思主义思想的形成过程中发挥着主要的作用，这里我们将着重介绍马克思的成长与思想发展历程。

马克思是一名犹太人，其父亲亨利希·马克思是一名律师。作为一名律师，马克思的父亲已经与他的祖祖辈辈有所不同了。因为他的祖父辈都是犹太拉比，相当于神父，主要服务于犹太教。但马克思的父亲作为一名律师，不再是一个神职人员，而是一个世俗的职位，与社会打交道较多，其思想也已经与其他犹太人有着很大的差别。亨利希的思想非常开明，对其影响较大的主要是卢梭、伏尔泰这些启蒙思想家。马克思的父亲虽然生活在当时德国南部莱茵河流域的小镇特里尔，但是他父亲在很大程度上把自己视为一位法国人或是一名法国启蒙类的精英。马克思的女儿说她的爷爷是地道的法国人。

1818年5月5日，马克思就出生在德国小城特里尔，12岁之前是否上学，目前还没有记录，所以有些传记作者认为马克思12岁之前可能是母亲在家里指导他学习，当然这只是个推测。马克思12岁开始上中学，属于上学较早的那一类人，而且家里也是愿意为子女支付上学费用的那一类中产阶级家庭。5年后，马克思中学毕业，他的成绩比较优秀，和马克思一起上中学的那一批人中就大约半数没有获得毕业证。

在中学里面，马克思最光辉的作品就是他写作的《青年在选择职业时的考虑》一文，这篇文章也被广泛引用："在选择职业时，我们应该遵循的主要指针是人类的幸福和我们自身的完美。""人类的幸福和我们自身的完美"基本上是古希腊柏拉图和亚里士多德的语言。因此，"如果一个人只为自己劳动，他也许能成为著名的学者、伟大的哲人、卓越的诗人，然而他永远不能成为完美的、真正的、伟大的人。""著名的学者、伟大的哲人、卓越的诗人"都是许多人所理想的成就，但是马克思认为还不够。马克思认为，如果想成为真正伟大的人，应当以追求全人类的幸福为自己的目标。所以马克思说道："如果我们选择最能为人类而工作的职业，那么重担就不会把我们压倒，因为这是为大家做出的牺牲，我们所享受到的就不是可怜的、有限的、自私的乐趣，我们的幸福将属于千百万人，我们的事业将悄然无声地存在下去，但是它会永远发挥作用，而面对我们的骨灰，高尚的人们将洒下热泪。"这是马克思17岁时写下的文字，思想非常高尚。后来马克思用他的一生证明了这句话。

1835年高中毕业后，马克思先前往波恩大学修习法律。根据其父亲的设计，马克思的未来可能是子承父业。当然，不管在那时，还是在今天，在职业选择时代际传承特征都是比较突出的。在波恩大学的这一年，马克思基本上没怎么读书，他父亲对此非常不满意。之后马克思转学到了柏林大学。去柏林大学之前，马克思与燕妮·威斯特华伦私定终身。燕妮比马克思大四岁，她出生于当地的一个贵族家庭，长相很美，家庭在社会上的地位也很高，受很多人追求。燕妮家和马克思家是世交，燕妮的弟弟与马克思交往也比较多。虽然燕妮比马克思大四岁，但还是被马克思的才华所折服，并因此私定终身。马克思来到柏林大学后，那里学术氛围浓厚很多。在柏林大学第一年，由于和燕妮相距千里，马克思写了很多情诗来表达他对燕妮的热烈感情，这些诗都被保留了下来。在柏林大学就读期间，他开始着手创作一个法学理论体系，从法的应用慢慢转向法学理论、法哲学，然后在法的基础上慢慢开始喜欢黑格尔，进入哲学领域。

随着研究的深入，马克思开始注意并喜欢上黑格尔的哲学理论。马克思曾这样描述黑格尔的理论："康德与费希特在太空飞翔，对未知世界在黑暗中探索；而我只求深入全面地领悟，在地面遇到的日常事物。"也就是说，在马克思看来，康德与费希特的理论是纯理论的，而黑格尔的哲学理论是有实用性的，是深入日常生活中的。这句话中的"我"既可以指代马克思自己，又可以指马克思所阅读的黑格尔著作中的"绝对精神"。黑格尔对马克思的思想形成有着重要的影响。

在柏林大学学习一年后，马克思病倒了。在养病期间他不仅从头至尾阅读了黑格尔的著作，完成其思想的转折，还结识了一群青年黑格尔分子。回到柏林后，马克思转入哲学史研究，研究古希腊后期的伊壁鸠鲁派、斯多葛派和怀疑论派的哲学及其关系。1840年马克思开始写作博士论文《德谟克里特的自然哲学和伊壁鸠鲁的自然哲学的差别》。这是一篇学术造诣很高的哲学论文。1841年4月，马克思将论文以及申请材料寄给耶拿大学哲学系主任巴赫曼。巴赫曼非常欣赏，认为"该候选人才智高超、见解透彻、学识渊博，本人认为该候选人实应授予学衔"。另外七位教授也同意。在支付论文答辩费后，耶拿大学不再为马克思答辩，而于1841年4月15日，直接为马克思颁发哲学博士学位证书。马克思的博士论文成就很高，文中对德谟克里特和伊壁鸠鲁原子论的差别及由此导致的世界观、社会观的差异的分析是极其深刻的。德谟克里特的原子论认为世界是由原子构成的，原子没有自己的自由意志。而伊壁鸠鲁的原子论认为，原子在组建世界时虽然遵循一定规律，但有时候某些原子会突然不按规律运动。根据伊壁鸠鲁的原子随机运动，可以产生人类的自由意志，从而构建了自由意志论的世界观基础。

获得博士学位后，马克思开始求职。在这个过程中，青年黑格尔分子赫斯为他写了一封推荐信："你应该准备去结识一位最伟大的哲学家，也许是当今活着的唯一的真正的哲学家。他即将显露头角（在书刊和讲坛上），会把德国的眼光吸引到自己身上……马克思博士，可说是我崇拜的人，还是个十分年轻的人（大概至多不过24岁），他将给中世纪的宗教和政治以最后的打击。他既有最深刻的哲学严肃性，也有最机敏的机智。请您设想一下，如果把卢梭、伏尔泰、霍尔巴赫、莱辛、海涅和黑格尔结合成一个人——我说的是结合，不是凑合——那这个人就是马克思博士。"赫斯比马克思大6岁，是德国最早提出共产主义理论的人。赫斯对马克思的赞扬是不遗余力的，马克思应该是很感激的。但在《共产党宣言》里，马克思对于赫斯所代表的德国"真正的社会主义"并没有留情面，给予了严厉的批判。吾爱吾友，但更爱真理。

1841年，马克思回到特里尔，申请波恩大学讲师职位，但是没有成功。在这段时间里，马克思接触到费尔巴哈的《基督教的本质》，受其影响并试图超越他。

为了维持生计，马克思开始为《莱茵报》撰稿，并产生很大影响。1842年，马克思被聘为该报主编。在马克思担任主编期间，《莱茵报》就林木盗窃法、农民贫困问题发表了长篇评论。他接手时订数只有800多份，一个月后上升到1800多份，到1843年1月再上升到3400份，这在那个年代是相当大的销量。当时的政府因其立场过于激进，于1843年4月1日查封该报。虽然《莱茵报》时期并不长，但对马克思的思想有较大的影响，他把眼光转到现实的社会问题，并意识到资产阶级私有制对于国家制度的影响。

1843年6月，马克思与燕妮完婚，住在莱茵省的一个小镇克罗茨纳赫。在这期间，马克思开始阅读卢梭、伏尔泰等写作的法国政治学方面的著作（原来主要是阅读德国哲学方面的书籍），并写下《黑格尔法哲学批判》。之前在《莱茵报》的工作经历让马克思意识到：国家并不可能是理性和公正的，而是受到私人物质利益的左右，国家总是袒护富人和统治者的利益。在《黑格尔法哲学批判》中，他批判了黑格尔的国家与社会的关系，即不是国家决定社会，而是社会决定国家，并指出私有制是国家制度的支柱，而且还是国家制度本身。马克思的"私有制决定国家"是一个重要的理论创新，它试图将黑格尔的思想颠倒过来。

1843年10月底，马克思来到巴黎，与卢格一起创办《德法年鉴》。在这里，马克思对法国的工人运动开始有了亲身体会，感受到了法国的真正社会力量。马克思写信给费尔巴哈，邀请他来法国感受真正的社会力量。费尔巴哈对基督教的批判非常尖锐有力，但是他的批判基于纯粹的爱。马克思觉得这还不够，要从现实的、实实在在的、人的力量出发去理解社会。费尔巴哈拒绝了马克思的邀请。《德法年鉴》于1844年出版一、二期合刊，马克思在上面发表了《论犹太人问题》和《〈黑格尔法哲学批判〉导言》，标志着他向共产主义者转变。

《德法年鉴》出版一次后就停刊，马克思开始研究经济学。与此同时，他结识了海涅和恩格斯。海涅当时已是闻名天下的诗人，他写的诗都是对德国专制的批判，例如《德国，一个冬天的童话》，但是，接触马克思之后，海涅也开始关注工人阶级，《西里西亚纺织工人之歌》就是那时候写的。恩格斯的父亲在英国办厂，他本人也在管理工厂。马克思在《莱茵报》当主编时恩格斯作为该报作者曾经见过马克思，但当时两人都没留下什么印象。后来马克思和恩格斯在巴黎见面时才发现，他们两人的思想是非常一致的，他们的思想相互吸引，而且如此的互补。

1844年，马克思和恩格斯开始写作《神圣家庭，或者对批判的批判所做的批判——驳布鲁诺·鲍威尔及其伙伴》。这个书名非常绕，但读起来却又非常爽利。该书主要批判布鲁诺·鲍威尔的理论。布鲁诺曾跟随黑格尔学习神学，在黑格尔的指导下完成了自己的博士论文《论康德哲学的原则》，由于康德哲学著作以三大批判——纯粹理性批判、实践理性批判、判断力批判——著称，布鲁诺称自己的理论为"批判的批判"，表明自己对于批判理论的批判立场。而标题中的第三个"批判"就是马克思自己对布鲁诺的批判。布鲁诺曾指导马克思撰写博士论文，在某种程度上，是马克思曾经的精神导师，但在马克思确立了自己的唯物主义立场之后，毫不留情地对布鲁诺的理论展开批判。该书指出工业生活对社会发展的决定作用，第一次提出了生产方式的概念，揭示了物质生产是历史的发源地，认为要真正认识某一个历史时期，就必须认识到"某一历史时期的工业和生活本身的直接的生产方式"。

1844年，法国政府下令把马克思和《前进报》其他一些撰稿人驱逐出境，除非他们保证不再从事反普鲁士的宣传。卢格递交悔过书，而马克思断然拒绝做出保证。1845年2月，马克思到达布鲁塞尔，燕妮变卖家什带女儿随后跟来。普鲁士政府对比利时施加压力，不得已马克思只能脱离普鲁士国籍，从此成为真正的世界公民。后来，马克思在布鲁塞尔定居了一段时间，在布鲁塞尔郊区当时有一批的德国流亡者。恩格斯之后也来到布鲁塞尔。马克思与恩格斯想写作几本大著作以阐述新的世界观。1845年春，马克思构思这一基本思路的基本要点，即关于费尔巴哈的11条提纲。这份提纲只是一个写作笔记，马克思并没有打算发表。在他去世后，恩格斯在清理其旧稿时找到它，并把它作为《路德维希·费尔巴哈和德国古典哲学的终结》的附录发表，他评价道："作为包含着新世界观的天才萌芽的第一个文件，是非常宝贵的。"虽然只有11句话，但这可能是世界上引用得最多的关于哲学的话，比如："哲学家们只是用不同的方式解释世界，而问题在于改造世界。""人的本质不是单个人所固有的抽象物，在其现实性上，它是一切社会关系的总和。"

之后马克思和恩格斯决定开始合作撰写第二部著作，即《德意志意识形态》，到1846年4月间基本完成著作的主要部分。本书正面阐述了唯物史观。认为历史是人而不是神创造的，人们为了能够进行物质生产而"创造历史"，就必须进行吃穿住行以及其他一些活动。因此，第一个历史活动就是生产满足这些需要的资料，即生产物质生活本身。物质生活生产包括两方面的关系，一个是人与自然的关系，即生产力；一个是生产过程中人与人之间的关系，即交往关系、生产关系。生产力决定生产关系，后者也影响前者，两者之间存在着矛盾与冲突。"一切历史冲突都根源于生产力和交往形式之间的矛盾"，这种矛盾每一次都不免要爆发为革命，同时也采取各种附带形式，如冲突的总和，不同阶级之间的冲突，意识的矛盾，思想斗争，政治斗争等。物质生产决定着精神生产，"支配着物质生产资料的阶级，同时也支配着精神生产资料"，因此，统治阶级的思想在每一时代都是占统治地位的思想。书中还强调了共产主义运动，指出"共产主义运动对我们来说不是应当确立的状况，不是现实应当与之相适应的理想。我们所称为共产主义的是那种消灭现存状况的现实的运动。这个运动的条件是由现有的前提产生的"。因此，共产主义者应当致力于使现存社会革命化，实际地反对并改变现存的事物。这些思想的提出让我们可以认为，马克思当时已经有了比较完整的历史唯物主义框架，并将其表达出来了。

马克思住在布鲁塞尔德国移民区，移民经常出入马克思家中与他谈论政治。在交谈的过程中，他们开始认同共产主义，比如教师威廉·沃尔弗、革命诗人维尔特、弗莱里格拉特；激进派政论家毕尔格尔斯；新闻工作者约瑟夫·魏德迈；青年医生罗兰特·丹尼尔斯；马克思的内弟埃德加·威斯特华伦等人。其中威廉·沃尔弗终生未婚，后期成为一名家庭教师，攒了六七百英镑。去世之后，他将这些钱都赠予了当时穷困潦倒的马克思。因此，马克思在《资本论》第一卷扉页上写道："献给我的不能忘记的朋友，勇敢的忠实的高尚的无产阶级先锋战士威廉·沃尔弗。"此外，还有许多人经常与马克思往来，如魏特林、前面提到的政治学家莫泽斯·赫斯等人。这些人大部分是德国流亡者，马克思和恩格斯觉得其思想不能局限于此，想到用通信手段把各国社会主义者和共产主义者联系起来。1846年2月，他们创立了布鲁塞尔共产主义通讯委员会，目的是让德国社会主义者与英、法社会主义者建立联系。

马克思邀蒲鲁东参加共产主义通讯委员会。蒲鲁东拒绝，并指责马克思创立新的专制的宗教，而把自己理论上的马虎与混乱说成是"反教条主义的"。1846年，蒲鲁东发表《经济体系的矛盾，或贫困的哲学》，将德国的辩证法用于经济学，并写信给马克思，"期待"马克思严厉的批判。马克思1847年上半年写成《哲学的贫困》，批评了蒲氏的经济学知识的混乱，并首次公开阐述了历史唯物主义理论。马克思指出，在历史过程中，人不仅改造社会，社会也创造人。"整个历史也无非是人类本性的不断改变而已"。马克思科学地表述了生产力与生产关系的矛盾运动，"手推磨产生的是封建主的社会，蒸汽磨产生的是工业资本家的社会"。

马克思的科学社会主义思想的形成过程大抵如此。那么，马克思到底想研究什么呢？我们可以从他与其他经济学家的对比中看出。亚当·斯密的名著的标题是《国民财富的性质与原因探究》，可见，其目的是研究国家的富裕与兴衰；而李嘉图则自称其研究目的是支配土地产品的分配规律，也就是说，其研究目的着重于分配，后来经济学家对于分配以及基于分配而形成的阶级分析都源于李嘉图。马歇尔说其《经济学原理》的研究目标是寻求日常生活事务中人的活动，也就是说，人们基于自己的利益——尤其是根据边际原理——而对各种商品或服务相对价格的波动做出反应。达文波特则说自己的研究目标是价格及其成因与推理，因此其目的是推导一般竞争均衡的存在。这些经济学家都是一时翘楚，但研究目标却越来越趋于平庸的日常经济机制，而忽略整个经济社会发展的宏观结构。这可以说是整个资产阶级经济学逐渐平庸化的进程。马克思在《资本论》的序言中指出，其研究目的是揭示现代社会的经济运动规律，因此，马克思的研究取向并不是简单的个人行动的动机与选择，而是整个社会经济结构及其演进的逻辑，这是一个此前所有经济学家都没有达到的高度。

这是在撰写《共产党宣言》之前，马克思从一个自由主义者转变为马克思主义者的大致思想过程，下面我们来了解《共产党宣言》的具体诞生背景。

二、共产主义的幽灵

《共产党宣言》是马克思的作品，同时也是无产阶级运动的必然结果，是马克思主义创始人的理论研究与现实工人运动相结合的结晶。

1834年，巴黎建立了一个民主共和主义的秘密同盟"流亡者同盟"（League of the Outlaws）。1836年，德国流亡者中的部分激进分子从该同盟中分出，成立以德国人为主的"正义者同盟"（League of the Just），主张粗陋的平均共产主义，提出"All Men Are Brothers"，也就是"众人皆兄弟"。正义者同盟要求实行财产共有，其领袖是魏特林，前面讲共产主义通讯委员会时提到过他。他是一位缝纫工，通过思考哲学问题，他写了《和谐与自由的保证》，其中的基本思想就是强调共产主义以及生产资料公有制的思想。马克思对他有很高的评价："（德国的）资产阶级及其哲学家和科学家哪里有一部论述资产阶级解放（政治解放）的著作能和魏特林的《和谐与自由的保证》一书媲美呢？只要把德国的政治论著中的那种俗不可耐畏首畏尾的平庸气拿来和德国工人的这种史无前例的光辉灿烂的处女作比较一下，只要把这双无产阶级巨人的童鞋拿来和资产阶级侏儒的政治烂鞋比较一下，我们就能够预言这位灰姑娘将来必然长成一个大力士。"

正义者同盟构成布朗基的四季社的德国分支。1839年5月12日，法国人举行起义而失败，正义者同盟各支部也遭到失败，魏特林逃到瑞士，被捕的有卡尔·沙佩尔和亨利希·鲍威尔。前者于被监禁7个月后驱逐出境到了伦敦，后者于1841年12月被捕后驱逐出境也到了伦敦。

到了伦敦后，沙佩尔和鲍威尔恢复同盟活动。1840年，沙佩尔、约·莫尔等人成立伦敦德意志工人共产主义教育协会。该协会在第一国际成立后加入国际，一直到1918年被英国政府所查封。

1843年，沙佩尔建议恩格斯加入正义者同盟，为恩格斯所拒绝。这是因为马克思和恩格斯认为他们的观点基本方向虽然正确，但在很多方面是错误的。后来双方经常联系，恩格斯熟悉同盟的内部事务。1844年，马克思的思想逐渐成熟。这年夏天，恩格斯在巴黎拜访马克思。1845年，两人在布鲁塞尔再次会见，开始着手写作《德意志意识形态》。1845年夏天，马克思和恩格斯前往英国考察英国工厂，恩格斯将马克思介绍给正义者同盟。

当时同盟在英国、德国、法国和瑞士都建立了支部。沙佩尔等人邀请马克思和恩格斯参加该同盟，马克思和恩格斯不同意同盟的平均共产主义思想，尤其不同意他们的密谋策略，所以谢绝了这一邀请，但仍然与同盟保持密切联系。

后来，同盟接受了马克思的思想，愿意对同盟加以改造。1847年1月，正义者同盟为了召开代表大会，制定新纲领，决定向马克思和恩格斯求教，特派约瑟夫·莫尔带了正式委托书到布鲁塞尔拜访马克思，并去巴黎拜访恩格斯，邀请他们加入同盟并帮助改组。莫尔表示，同盟愿意抛弃空想社会主义理论和密谋策略，接受马克思和恩格斯的科学理论。

改造的第一个对象就是口号。正义者同盟提出的"众人皆兄弟"，是借用基督教的说法。原始基督教提出这一说法，在某种情况下，为关怀穷人提供了方便。但在马克思和恩格斯看来，世界历史发展到当下，已经不需要这个口号了，它已经成为统治阶级麻痹被统治阶级的工具。因此，马克思建议用"全世界无产者，联合起来"的口号取代原有口号。

此外，马克思和恩格斯当时对他们组织的这种密谋性质不太认可，认为"共产党人不屑于隐瞒自己的意图"。在改组期间，他们同意把正义者同盟改组为共产主义者同盟。这就是人类历史上第一个马克思主义政党，抛弃了"众人皆兄弟"而采用了"全世界无产者，联合起来"这一口号。马克思、恩格斯见时机成熟，同意加入同盟。1847年6月2—9日，正义者同盟在伦敦召开第一次代表大会。由于经济方面的原因，马克思没能参加。恩格斯作为巴黎支部的代表、沃尔弗作为布鲁塞尔支部的代表参加。

恩格斯为同盟起草了纲领草案《共产主义信条草案》。大会还批判了魏特林和蒲鲁东，并把巴黎支部的魏特林分子开除出同盟。8月初，在布鲁塞尔成立同盟支部和区部，马克思当选为领导人，恩格斯被选为巴黎区部领导人。1847年，马克思和恩格斯在布鲁塞尔成立德意志工人协会，对侨居比利时的德国工人进行共产主义教育。

1847年11月29日至12月8日，共产主义者同盟第二次代表大会在伦敦召开，会上通过《共产主义者同盟章程》。《章程》规定同盟的目的是"推翻资产阶级政权，建立无产阶级统治，消灭旧的以阶级对立为基础的资产阶级社会和建立没有阶级、没有私有制的新社会"，并规定会员必须承认并不倦地宣传共产主义，不得参加反共产主义的团体，服从同盟决议，保守同盟秘密，生活方式必须符合同盟的目的。大会中心议题是讨论同盟的纲领，在这个问题上存在争论，但大会最终心悦诚服地接受了马克思的理论，并委托马克思和恩格斯"起草一个准备公布的周详的理论和实践的纲领"。

之前，恩格斯为同盟第一次大会起草了《共产主义信条草案》（1968年才为世人所发现），为第二次大会起草了《共产主义原理》

（现收入马恩选集第 1 卷）。恩格斯对这两个纲领草案的形式并不满意，他对马克思说："我们最好是抛弃那种教义问答形式，把这个东西叫做《共产主义宣言》。因为其中必须或多或少地叙述历史，所以现有的形式是完全不合适的。"马克思采纳了这一建议，并最终确定为《共产党宣言》。

三、《共产党宣言》诞生过程的启示

上述有关《共产党宣言》诞生的历史背景可以有许多启发，这里简要说几句。

第一，追求人类解放的伟大理想是伟大思想产生的重要动机。马克思很早就确立"选择最能为人类而工作的职业"，他在这一伟大理想上面从未动摇，这是他追求理想的深层动机。在追求这个伟大理想的道路上，他并不满足于追求抽象的"自由、平等、公正"等价值，而是将自己的关怀放在被压迫被侮辱的工人阶级身上，并提出了一个永恒的阶级解放话题。他将自己的伟大理想与现实关怀结合起来，再加上深刻的思考与研究，最终创立了科学社会主义这一伟大的理论。

第二，《宣言》的诞生历程揭示出知识分子与工人阶级运动结合的道路。《宣言》不仅是思想者的重要作品，它也反映当时要求登上历史舞台的工人阶级的呼声，它是正义者同盟委托马克思、恩格斯起草的党纲。这个党纲与一般的工人阶级呼声不一样，尤其与英国工人阶级运动的呼声是有很大区别的。英国工人阶级运动虽然很重视工人阶级利益，但很大程度上是追求现实的利益、当前的利益，因此，英国工人阶级运动在一定程度上做得不错，但他们没有很高远的目标，而马克思主义者不是简单地反映工人阶级当前的诉求，还在当前的运动中代表着运动的

未来。

第三，《宣言》是一个吸收各种思想有益成分并同时与各种思想斗争的结果，伟大的思想是需要与各种错误思想作斗争的。当然在与别的思想斗争的过程中，会吸收别的思想，但不是说把别的思想原封不动地拿过来。在《宣言》写作中，马克思坚持真理，吸取各种思想的有益成分，并与各种思想进行斗争，这是《共产党宣言》取得如此伟大成就的一个重要原因。

第一章

七篇序言

第一节 "那些革命措施根本没有特别的意义"

第二章末尾提出的那些革命措施根本没有特别的意义。如果是在今天，这一段在许多方面都会有不同的写法了。由于最近25年来大工业有了巨大发展而工人阶级的政党组织也跟着发展起来，由于首先有了二月革命的实际经验而后来尤其是有了无产阶级第一次掌握政权达两月之久的巴黎公社的实际经验，所以这个纲领现在有些地方已经过时了。特别是公社已经证明："工人阶级不能简单地掌握现成的国家机器，并运用它来达到自己的目的。"

一、如何理解马克思此处"根本没有特别的意义"

十条革命措施的具体内容在《无产者和共产党人》一章末尾。应当说，马克思、恩格斯在《共产党宣言》中是比较重视它们的。但是过了24年，当马克思重新审视《宣言》时，他却说"根本没有特别的意义"。这是值得我们琢磨的。

这些措施是马克思、恩格斯基于当时社会历史的发展状况，考虑到1847年间工业革命所引起的资本主义社会生产方式的弊端所总结出来的重要变革手段，在当时是极富远见的。但是20多年过去了，大工业有了巨大的发展，如果重新列举革命措施会有许多不同的写法。马克思、恩格斯向来都不会刻板地对待自己的理论，而是依据社会历史发展的实际情况不断地加以丰富和完善。随着二月革命和巴黎公社革命运动的爆发，出现了一些新情况和新问题，这就需要马克思和恩格斯根据新的实践情况对这些措施加以说明和完善。

对"根本没有特别的意义"的理解，并不是说这十项基本措施就是完全错误的。根据社会革命的实践经验来看，马克思和恩格斯所提出的革命措施具有一定的现实依据，但是对于新生的无产阶级革命政权的建立和巩固，不能以教条主义的态度仅仅依靠这十项革命措施来保障。在革命运动中，我们应坚持"随时随地都要以当时的历史条件为转移"，将马克思主义与各国的具体国情和实践相结合，根据当时社会发展的基本特点提出具体的革命措施。

更重要的是，随着革命实践经验的丰富，马克思对于革命的认识也在深化。当1872年马克思写作此序言的时候，无产阶级革命已经有了巴黎公社的经验。巴黎公社提出了一些前所未有的做法，比如廉价政府、可以随时撤换的委员会干部，等等，这让马克思觉得，作为1848年革命先声的《共产党宣言》，在具体的革命措施方面，显然是不够的。

二、如何理解"工人阶级不能简单地掌握现成的国家机器,并运用它来达到自己的目的"一语?这句话相比较《共产党宣言》中"上升为统治阶级"有何进展

在撰写《共产党宣言》的时候,应当说马克思和恩格斯并没有打碎现存国家机器的想法,这可以理解为,他们试图保存现有的国家机器,并利用它来为无产阶级革命服务。也就是说,此时的马克思,倾向于将政府、军队等国家机器视为一种中性的工具,它虽然是资产阶级统治的工具,但外在于资产阶级,因此是可以为无产阶级所利用的。

1871年巴黎公社的实践经验证明,无产阶级要想夺取革命的彻底胜利,就必须通过暴力革命,打碎旧的国家机器,建立无产阶级专政。工人阶级不能简单地掌握现成的国家机器,因为这个现存的国家机器是建立在剥削与被剥削的基础上的,不能符合工人阶级政权的要求,也难以达到其所追求的目的。在《宣言》中,马克思、恩格斯并未提到对待旧国家机器的态度,只是说工人阶级要想争得民主一定要掌握国家政权。有了巴黎公社的实践经验以后,他们对此有了新的看法。他们认为,无产阶级在夺取政权以后,如果没有强有力的国家机器来保卫政权的话,终会招致资产阶级的无情镇压。因此,无产阶级应该彻底改造传统的国家机器,建立属于自己的新政权。后来,马克思在《法兰西内战》中对这一思想做了进一步说明,丰富了马克思主义理论,为无产阶级夺取政权提供了新的理论指导。

这也就是说,此时的马克思,已经将资产阶级国家机器视为资本主义统治的内在构成部分,认为不可能在推翻资产阶级统治的同时,却又完好无损地保留这个国家机器。列宁指出,这是马克思、恩格斯认为必须做的唯一修改。这个修改,是对《宣言》中基本原理的重大发展,

具有深远的历史影响。这句话相较于《共产党宣言》中"上升为统治阶级"有了更加深入的思考和长远的计划，是在吸取了实践经验之后提出的更加成熟的观点。

第二节　19世纪的美国与俄国

当时（1847年12月）卷入无产阶级运动的地区是多么狭小，这从《宣言》最后一章《共产党人对各国各种反对党派的态度》中可以看得很清楚。在这一章里，正好没有说到俄国和美国。那时，俄国是欧洲全部反动势力的最后一支庞大后备军，美国正通过移民吸收欧洲无产阶级的过剩力量。这两个国家，都向欧洲提供原料，同时又都是欧洲工业品的销售市场。所以，这两个国家不管怎样当时都是欧洲现存秩序的支柱。

今天，情况完全不同了！正是欧洲移民，使北美能够进行大规模的农业生产，这种农业生产的竞争震撼着欧洲大小土地所有制的根基。此外，这种移民还使美国能够以巨大的力量和规模开发其丰富的工业资源，以至于很快就会摧毁西欧特别是英国迄今为止的工业垄断地位。这两种情况反过来对美国本身也起着革命作用。作为整个政治制度基础的农场主的中小土地所有制，正逐渐被大农场的竞争所征服；同时，在各工业区，人数众多的无产阶级和神话般的资本积聚第一次发展起来了。

…………

《共产党宣言》的任务，是宣告现代资产阶级所有制必然灭亡。但是在俄国，我们看见，除了迅速盛行起来的资本主义狂热和刚开始发展的资产阶级土地所有制外，大半土地仍归农民公共占有。那么试问：俄国公社，这一固然已经大遭破坏的原始土地公共占有形式，是能够直接过渡到高级的共产主义的公共占有形式呢？或者相反，它还必须先经历西方的历史发展所经历的那个瓦解过程呢？

对于这个问题，目前唯一可能的答复是：假如俄国革命将成为西方无产阶级革命的信号而双方互相补充的话，那么现今的俄国土地公有制便能成为共产主义发展的起点。

一、如何理解美国从欧洲现存秩序的支柱变成一种革命力量

19世纪上半叶的美国，一方面其在世界经济版图中的地位主要是作为一个农业原材料的提供国，这其中，尤其是种植园经济所提供的棉花构成欧洲旧大陆经济秩序的重要支柱；另一方面，作为欧洲产品的销售地，也是其维护欧洲经济秩序的重要原因。美国南部棉花种植园奴隶制经济不仅成为欧洲旧秩序的重要支柱，本身也是一种反动的经济秩序与政治秩序。

19世纪前半期，工业革命使英国棉纺织工业迅猛发展，同时，工业革命超出英国范围，扩散到了欧陆一些国家及美国北部，又使得它们的棉纺织工业迅速成长，因而大西洋两岸的棉纺织业特别是英国棉纺织业对棉花的需求急剧增加，从而对美国南部棉花供给的依赖度也不断增强。1800—1860年，英国棉纺织业耗用的原棉从5200万磅上升到10亿多磅。以英国为首的欧美棉纺织业对美国南部棉花有着不断增长的巨大需求，且使得以奴隶劳作为基础的棉花种植园相当有利可图，这就为美国南部掀起该种植园的经营热潮提供了市场可行性。如此一来，其结果必然是棉花种植园奴隶制经济的大发展。因此，可以说英国工业革命的

原料需求造就了美国种植园奴隶制经济，而后者又有力地支持了旧大陆的经济与政治秩序。

而美国南北战争后，奴隶制被废除，同时美国工业的发展又吸引了大量劳动力，这部分劳动力主要来自欧洲大陆的移民。这些移民及美国的工农业发展一方面摧毁了英国的工业垄断地位，另一方面也使得原有的欧洲中小土地制度难以维持。因此，从这个角度来看，到了19世纪下半叶，美国从原有的一种保守力量变成了一种革命力量。

二、如何理解马克思在俄国土地问题上的观点

俄国公社实行土地公有制，当时一些俄国革命者曾经设想过，能否将俄国公社的土地制度直接转变成社会主义的土地公有制。俄国女革命家曾经在这个问题上致信马克思。马克思在复信中较为完整地阐述了自己的看法，并用了"卡夫丁峡谷"这个比喻来形容这个问题。因此，要准确理解马克思在这个问题上的观点，需要结合《致查苏利奇》来理解。

首先要看到，马克思没有简单地为俄国农村公社设定一种前途，而是认为两种可能性并存，俄国农村公社要实现历史性跨越必须具备一定条件，如俄国国内革命，农村公社在全国较大的范围内存在，与世界资本主义的联系，当代资本主义正处于崩溃的边缘等。

而这四个条件分别是：

第一，必须通过俄国革命来挽救农村公社。马克思指出："正是从所谓农民解放的时候起，国家使俄国公社处在不正常的经济条件之下，并且从那时候起，国家借助集中在它手中的各种社会力量来不断地压迫

公社。"① 这种外来的压迫使得公社内部原来已经产生的各种利益的斗争更加尖锐，并加速了公社内的各种瓦解因素，要挽救俄国公社，就必须有俄国革命。

第二，俄国农村公社在全国较大范围内存在。马克思在给查苏利奇的复信草稿中多次提到"俄国是在全国广大范围内把土地公社占有制保存下来的欧洲唯一的国家"。当时俄国在进行改革的过程中大量的农村公社被比较完整地保留了下来，俄国农民保持着集体耕作的形式，全部耕地的半数左右仍然是公社的公有财产，这种所有制含有"集体生产的因素"，能直接地、逐步地把长期以来俄国农民小地块个体耕作转化为集体耕作。因此，俄国所拥有的保存完好的公社，成了跨越"卡夫丁峡谷"理论的新起点。

第三，俄国革命不能脱离与外部世界的联系，仅靠自身的力量无法完成历史性跨越。马克思、恩格斯在《共产党宣言》第二版俄文序言中认为，若俄国革命能与西方无产阶级革命相互补充的话，那么俄国将能够以现存的土地公有制为跳板，直接过渡到社会主义社会。也就是说，若西方无产阶级革命取得胜利，将会给俄国的革命提供经验和有力支持；若俄国的革命能取得成功，推翻沙皇政府的残暴统治，也会促进西方工人运动的发展，两者相辅相成，共同促进。

第四，资本主义由"现实"变为"现存"，且正处于严重的危机状态，濒临崩溃。在给查苏利奇的复信草稿中，马克思多次讲到，目前，不论是在西欧还是在美国，资本主义制度都处于同劳动群众、同科学以至同它自己所产生的生产力本身展开斗争的境地，资本主义制度已处于"危机状态"。

---

① 《马克思恩格斯全集》第19卷，人民出版社，1963年，第439页。

三、如何理解"卡夫丁峡谷"这个问题的意义

"卡夫丁峡谷"本是一个出自古罗马史的历史典故。据说在公元前321年,萨姆尼特人曾在古罗马卡夫丁城附近的卡夫丁峡谷打败了罗马军队,还迫使罗马军队的那些战俘不得不从卡夫丁峡谷中用很多长矛架起的形状类似城门的"牛轭"下通过,借此来羞辱对方。由于这段历史,后来的人们就将"卡夫丁峡谷"比作一种灾难性的遭遇,并且卡夫丁峡谷也成了"耻辱之谷"的代名词,这一词的意思也可以引申为人们在谋求发展时所面临的极大困难和挑战。在深入研究俄国革命问题时,马克思引用"卡夫丁峡谷"典故来表述对东方国家和民族"要走什么样的社会发展道路"问题的基本看法,指出经济文化落后的俄国社会在特殊的社会条件都具备的情况下有可以不经过资本主义阶段而直接步入社会主义社会的可能性,即"跨越卡夫丁峡谷"思想。

"卡夫丁峡谷"不仅仅只是俄国革命中的土地问题,它也指涉落后国家是否有跨越资本主义的"卡夫丁峡谷",直接进入社会主义阶段的可能性问题。曾经有人认为,"卡夫丁峡谷"是无法跨越的,落后国家不能跨过资本主义阶段,即使建成社会主义,也必须要补资本主义的课。因此,如何看待"卡夫丁峡谷"问题,涉及落后国家在社会主义阶段的历史任务问题。

我们认为,历史已经证明,一些落后国家已经跨越了"卡夫丁峡谷",这一点是毋庸置疑的。同时也有许多落后国家并没有成功跨越"卡夫丁峡谷",这说明落后国家直接进入社会主义社会,并非普遍现象,它需要许多具体的条件。落后国家跨越了"卡夫丁峡谷"也并不意味着就万事大吉,在整个世界还处于资本主义世界体系之下的时候,

社会主义还存在着失败的可能性。

第三节 "贯穿《宣言》的基本思想"

贯穿《宣言》的基本思想：每一历史时代的经济生产以及必然由此产生的社会结构，是该时代政治的和精神的历史的基础；因此（从原始土地公有制解体以来）全部历史都是阶级斗争的历史，即社会发展各个阶段上被剥削阶级和剥削阶级之间、被统治阶级和统治阶级之间斗争的历史；而这个斗争现在已经达到这样一个阶段，即被剥削被压迫的阶级（无产阶级），如果不同时使整个社会永远摆脱剥削、压迫和阶级斗争，就不再能使自己从剥削它压迫它的那个阶级（资产阶级）下解放出来。

一、如何理解"每一历史时代的经济生产以及必然由此产生的社会结构，是该时代政治的和精神的历史的基础"

这里值得注意的是，我们把这一段话与《〈政治经济学批判〉序言》中有关历史唯物主义的一段名言相比较，可以更好地理解这一段话的重要性。那段话是这样的："人们在自己生活的社会生产中发生一定的、必然的、不以他们的意志为转移的关系，即同他们的物质生产力的一定发展阶段相适合的生产关系。这些生产关系的总和构成社会的经济结构，即有法律的和政治的上层建筑竖立其上并有一定的社会意识形式与之相适应的现实基础。物质生活的生产方式制约着整个社会生活、政治生活和精神生活的过程。不是人们的意识决定人们的存在，相反，是人们的社会存在决定人们的意识。社会的物质生产力发展到一定阶段，便同它们一直在其中运动的现存生产关系或财产关系（这只是生产关系的法律用语）发生矛盾。于是这些关系便由生产力的发展形式变成生产力的桎梏。那时社会革命的时代就到来了。随着经济基础的变更，全部庞大的上层建筑也或慢或快地发生变革。在考察这些变革时，必须时刻把下面两者区别开来：一种是生产的经济条件方面所发生的物质的、可以用自然科学的精确性指明的变革，一种是人们借以意识到这个冲突并力求把它克服的那些法律的、政治的、宗教的、艺术的或哲学的，简言之，意识形态的形式。我们判断一个人不能以他对自己的看法为根据，同样，我们判断这样一个变革时代也不能以它的意识为根据；相反，这个意识必须从物质生活的矛盾中，从社会生产力和生产关系之间的现存冲突中去解释。无论哪一个社会形态，在它所能容纳的全部生产力发挥出来以前，是决不会灭亡的；而新的更高的生产关系，在它的物质存在条件在旧社会的胎胞里成熟以前，是决不会出现的。所以人类始终只提出自己能够解决的任务，因为只要仔细考察就可以发现，任务本身，只有在解决它的物质条件已经存在或者至少是在生成过程中的时候，才会产生。大体说来，亚细亚的、古希腊罗马的、封建的和现代资产阶级的生产方式可以看做是经济的社会形态演进的几个时代。资产阶级的生产关系是社会生产过程的最后一个对抗形式，这里所说的对抗，不是指个人的对抗，而是指从个人的社会生活条件中生长出来的对抗；但是，在资产阶级社会的胎胞里发展的生产力，同时又创造着解决这种对抗的物质条件。因此，人类社会的史前时期就以这种社会形态而告终。"[1]

---

[1] 《马克思恩格斯选集》第 2 卷，人民出版社，2012 年，第 2—3 页。

这两段话结合起来，可以视为马克思主义社会历史观的基本内容，其中既涉及了生产力与生产关系的社会基本矛盾、经济基础与上层建筑等社会基本结构问题，同时又将阶级斗争视为社会形态发展的重要动力。我们将在"至今一切社会的历史都是阶级斗争的历史"的解读中深入分析阶级斗争的具体含义与作用。

二、如何理解"如果不同时使整个社会永远摆脱剥削、压迫和阶级斗争，就不再能使自己从剥削它压迫它的那个阶级（资产阶级）下解放出来"一语

这句话是在讲无产阶级获得解放的前提条件。无产阶级受到各个阶级的压迫，是最底层的阶级。无产阶级不仅承受着来自资产阶级的剥削，也同时承受着来自社会各个方面的压迫。若该社会存在着压迫和剥削，即使可能不是直接施加在无产阶级身上，但由于他们除了劳动力一无所有，只能够通过出卖劳动力来维持自身基本生活，层层压迫下来，无产阶级只会感受到比之前更沉重的压力。因此，如果不消灭各种形式的剥削和压迫，无产阶级将会永远是受苦受难的那个阶级。

同时，我们应当看到，马克思这里所强调的不是个人。因为个人奋斗而摆脱最初的阶级身份，这是各个时代各个社会都存在着的现象。在某种意义上说，所谓"美国梦"，就是通过个人奋斗而脱离无产阶级或者其他劳动阶级的梦想，在这个梦想中，虽然个人的生活状态与社会地位得到了改变，但整个社会并没有变化。无产阶级解放既不是单个的无产者的命运的改变，甚至也不仅仅只是无产阶级的命运的改变，而是整个社会的解放，这是人类最崇高的社会理想。

第四节 "不能把它叫做社会主义宣言"

可是，当我们写这个《宣言》时，我们不能把它叫做社会主义宣言。在1847年，所谓社会主义者，一方面是指各种空想主义体系的信徒，即英国的欧文派和法国的傅立叶派，这两个流派都已经降到纯粹宗派的地位，并在逐渐走向灭亡；另一方面是指形形色色的社会庸医，他们凭着各种各样的补缀办法，自称要消除一切社会弊病而毫不危及资本和利润。这两种人都是站在工人阶级运动以外，宁愿向"有教养的"阶级寻求支持。只有工人阶级中确信单纯政治变革还不够而公开表明必须根本改造全部社会的那一部分人，只有他们当时把自己叫做共产主义者。这是一种粗糙的、尚欠修琢的、纯粹出于本能的共产主义；但它却接触到了最主要之点，并且在工人阶级当中已经强大到足以形成空想共产主义，在法国有卡贝的共产主义，在德国有魏特林的共产主义。可见，在1847年，社会主义是中等阶级的运动，而共产主义则是工人阶级的运动。当时，社会主义，至少在大陆上，是"上流社会的"，而共产主义却恰恰相反。既然我们自始就认定"工人阶级的解放应当是工人阶级自己的事情"，那么，在这两个名称中间我们应当选择哪一个，就是毫无疑义的了。而且后来我们也从没有想到要把这个名称抛弃。

一、"社会主义"与"共产主义"的概念有何差别

"共产主义"和"社会主义"两个词的最早使用时间，现在无法确切查证。目前所能知道的是，从19世纪二三十年代起，英、法两国的

空想社会主义者和空想共产主义者把这两个词作为取代资本主义的未来理想社会的名称。"社会主义"主要在社会中上层、知识界流行较多，含义较为宽泛；"共产主义"主要在社会下层、在工人中传播更广，意为"公共、财产公有"，具有更强的战斗意义。

当时的"社会主义"是指"反动的社会主义""保守的或资产阶级的社会主义"以及"批判的空想的社会主义和共产主义"这三种社会思潮。这三种思潮或是企图恢复封建制度；或是主张改良，想要保持现状；或是寄希望于资产阶级，妄想用和平的方式建立理想中的新社会。这些思想或多或少都带有反动派的观点，与马克思主义通过阶级斗争的方式推翻资产阶级统治，建立共产主义社会的观点有本质上的不同。加上，当时共产主义传播范围越来越广，影响也越来越大，资产阶级不得不开始正视它的存在，这些形形色色的"社会主义"给当时的资产阶级就提供了一件亲和力十足的外衣；他们对外宣扬自己是十足的"社会主义者"，以此来拉近自己与广大无产阶级之间的距离，实际上，他们在潜移默化地给那些思想不坚定的，还未完全理解共产主义的部分无产阶级灌输资产阶级思想，让无产阶级丧失斗志，安于现状。

马克思、恩格斯写《共产党宣言》时，没有把它叫作社会主义宣言。因为在1847年，所谓社会主义者，一方面是指各种空想社会主义体系的信徒，即英国的欧文派和法国的傅立叶派，这两个流派都已经降到纯宗派的地位，并在逐渐走向灭亡；另一方面是指形形色色的社会庸医，他们凭着各种各样的补缀办法，自称要消除一切社会弊病而毫不危及资本和利润。这两种人都是站在工人阶级运动以外，宁愿向"有教养的"阶级寻求支持。只有工人阶级中确信单纯政治变革还不够而公开表明必须根本改造全部社会的那一部分人，只有他们当时把自己叫作共产主义者。所以，1888年英文版序言指出，"在1847年，社会主义是中等阶级的运动，而共产主义则是工人阶级的运动。当时，社会主义，至少在大陆上，是'上流社会的'，而共产主义却恰恰相反。既然我们自始就认定'工人阶级的解放应当是工人阶级自己的事情'，那么，在这两个名称中间我们应当选择哪一个，就是毫无疑义的了。而且后来我们也从没有想到要把这个名称抛弃。"

1847年之前的社会主义运动实质上是带有资本主义性质的运动，而共产主义运动才是真正意义上的工人阶级的运动，所以在那时不能把二者等同起来。《宣言》发表以后，许多国家的情况都发生了改变。1848年欧洲革命爆发，许多欧洲国家都卷入其中，这些国家主要进行民族民主革命，只有1848年6月的巴黎工人大起义是公开反对资产阶级政府，但是这场斗争最终以失败告终。马克思、恩格斯在重新回到德国参加革命时发现，越来越多的人开始拥护社会主义。1864年国际工人协会宣布成立，马克思为了争取受社会主义派别影响的工人阶级，对社会主义这一概念的态度也随之发生了转变。第一国际期间，马克思、恩格斯审时度势，争取到了工人阶级的支持，从而弱化了其他派别在工人阶级中的影响。而且随着工人运动的发展，社会主义派别也随之发生了改变，之前的一些反对派已经被彻底清除了。从1888年英文版的序言开始，恩格斯多次从正面运用"社会主义"这一概念。他指出，"它无疑是全部社会主义文献中传播最广和最具国际性的著作"，从而肯定了《宣言》的社会主义性质。

二、马克思主义有关无产阶级解放的学说为什么叫"科学社会主义"

科学社会主义也叫科学共产主义。科学社会主义有广义和狭义之分，广义上的科学社会主义和马克思主义是同义语，狭义上的科学社会主义则和马克思主义哲学、马克思主义政治经济学一样，是马克思主义的一个组成部分。1848年《共产党宣言》的发表，标志着科学社会主义的诞生。

这个名称的来源与马克思的用法有关。1874年，马克思在《巴枯宁〈国家制度和无政府状态〉一书摘要》中指出："'科学社会主义'也只是为了与空想社会主义对立时才使用，因为空想社会主义力图把新的呓语和幻想强加于人民，而不把自己的认识领域局限于研究人民自己进行的社会运动。"后来列宁在《马克思主义的三个来源和三个组成部分》中指出，马克思主义包含哲学、政治经济学和科学社会主义三个组成部分。因此，狭义的科学社会主义指马克思主义有关无产阶级解放的政治理论，而广义的科学社会主义指全部马克思主义理论。

第五节 无产者的国际联合

"全世界无产者，联合起来！"当42年前我们在巴黎革命即无产阶级带着自己的要求参加的第一次革命的前夜向世界发出这个号召时，响应者还是寥寥无几。可是，1864年9月28日，大多数西欧国家中的无产者已经联合成为流芳百世的国际工人协会了。固然，国际本身只存在了九年，但它所创立的全世界无产者永久的联合依然存在，并且比任何时候更加强固，而今天这个日子就是最好的证明。因为今天我写这个序言的时候，欧美无产阶级正在检阅自己第一次动员起来的战斗力量，他们动员起来，组成一支大军，在一个旗帜下，为了一个最近的目的，即早已由国际1866年日内瓦代表大会宣布,后来又由1889年巴黎工人代表大会再度宣布的在法律上确立八小时正常工作日。今天的情景定会使全世界的资本家和地主看到:全世界的无产者现在真正联合起来了。

如果马克思今天还能同我站在一起亲眼看见这种情景,那该多好啊!

一、背景知识:第一国际和第二国际

恩格斯此处提到了第一国际和第二国际。第一国际,即国际工人协会,是1864年建立的国际工人联合组织。马克思是创始人之一、实际上的领袖。第一国际是在19世纪50年代末、60年代初欧洲工人运动和民主运动重新高涨的形势下产生的。1848年革命后,欧洲资本主义飞速发展,资本主义世界市场形成,资本主义各国的联系越来越具有国际性质。与此同时,全世界劳动人民遭受的压迫日益加剧,无产阶级和被压迫人民的反抗斗争不断加强。反压迫反剥削的斗争实践使各国无产阶级认识到,他们有着共同的利益和共同的敌人,而以往分散的斗争常常使他们遭到同样的失败,无产阶级必须在国际范围内联合起来,用无产阶级的国际团结去对抗资产阶级的国际联合。这种国际主义意识促进了国际工人协会的产生。1871年,第一国际法国支部参加并领导了巴黎公社运动,但是随着巴黎公社的失败,组织也日渐衰弱,1876年正式宣布解散。

1876年第一国际解散后,随着科学社会主义在欧美的广泛传播,到80年代末,欧美已有16个国家先后建立社会主义政党。各国工人和社会主义者要求加强国际联系。恩格斯为了击败可能派夺取新国际组织领导权的企图,做了大量工作,促使德、法等国社会主义政党的代表于巴黎人民攻克巴士底狱100周年纪念日,即1889年7月14日,在巴黎召开"国际社会主义者代表大会"。有22个国家的393名代表参加,李卜克内西、倍倍尔、瓦扬、拉法格等27人组成大会主席团。巴黎大会主要讨论国际劳工立法和工人阶级的政治、经济斗争任务,通过了关于每年庆祝五一劳动节等决议。这次大会标志着第二国际的建立。

第二国际是在资本主义相对稳定发展时期进行活动的。这时,欧美工人运动在向横广方面扩展,各国处于建立民族国家范围内,独立的无产阶级政党主要开展合法斗争。适应这个历史时期的特点,第二国际不是各国党的上级组织,各国党是独立自主的。它没有发表过成立宣言或纲领性文献,而是通过历次代表大会的决议给各国党指出行动方向,在很长时间内没有常设领导机构和共同规章,没有机关报。直到1900年巴黎大会上才决定成立常务委员会,名为社会党国际局,1905年后改称社会党国际局执行委员会,由每个国家的党选派代表一名(后增为两名)组成。第一次世界大战时各国的国家社会主义派违背了"非战"的决议,反而帮助资产阶级去从事国际战争,于是第二国际事实上破产了。

二、国际主义是马克思主义的本质特征

由于苏东剧变,许多社会主义国家在社会制度上发生巨大的倒退,国际共产主义遭受了巨大的挫折。但是,最终而言,社会主义运动是不可阻挡的,国际共产主义运动必将胜利。在这个过程中,马克思和恩格斯所强调的无产阶级的国际联合是推动国际共产主义运动向前发展的重要因素。国际主义是社会主义运动的本质特征,也是马克思主义的根本特征之一。

十月革命成功后,列宁领导创建了共产国际,也就是第三国际。这是一个共产党和共产主义组织的国际组织。第三国际为自己规定的任务是团结工人阶级和劳动群众,推翻资本主义和帝国主义统治,确立世界范围的无产阶级专政,彻底消灭阶级,实现社会主义和共产主义。第三国际把马克思列宁主义作为自己的理论基础,组织原则是民主集中制。成员最多时包括70多个国家和地区的共产党组织、400多万党员,召开过7次代表大会、13次执行委员会全体会议。第三国际极大地推动了20世纪国际共产主义运动的发展。

在20世纪70年代,毛泽东提出了划分三个世界的战略思想,他说,"我看美国、苏联是第一世界。中间派,日本、欧洲、加拿大,是第二世界。——第三世界人口很多,亚洲除了日本都是第三世界。整个非洲都是第三世界,拉丁美洲是第三世界。"1974年4月,邓小平在联合国第六届特别会议上详细阐述了毛泽东关于三个世界划分的战略思想。指出,目前世界上各种政治力量经过长期的较量和斗争,发生了急剧的分化和改组。"从国际关系的变化来看,现在的世界实际上存在着互相联系又互相矛盾的三个方面,三个世界。美国、苏联是第一世界。亚非拉发展中国家和其他地区发展中国家是第三世界。处于这两者之间的发达国家是第二世界。"邓小平还表示,中国是一个社会主义国家,也是一个发展中国家,中国属于第三世界。中国政府和人民坚决支持一切被压迫人民和被压迫民族的正义斗争。并宣布,中国现在不是,将来也不做超级大国。第三世界的思想是中国共产党在国际联合方面的重要贡献。

第六节　波兰民族问题

一个独立强盛的波兰的复兴是一件不仅关系到波兰人而且关系到我们大家的事情。欧洲各民族的真诚的国际合作，只有当每个民族在自己家里完全自主的时候才能实现。1848年革命在无产阶级的旗帜下使无产阶级战士归根到底只做了资产阶级的工作，这次革命也通过自己的遗嘱执行人路易·波拿巴和俾斯麦实现了意大利、德国和匈牙利的独立。至于波兰，虽然它从1792年以来对革命所作的贡献比这三个国家所作的全部贡献还要大，可是它于1863年在十倍于自己的俄国优势下失败的时候，却被抛弃不管了。波兰贵族既没有能够保持住波兰独立，也没有能够重新争得波兰独立；在资产阶级看来，波兰独立在今天至少是一件无关痛痒的事情。然而这种独立却是实现欧洲各民族和谐的合作所必需的。这种独立只有年轻的波兰无产阶级才能争得，而且在波兰无产阶级手里会很好地保持住。因为欧洲所有其余各国工人都像波兰工人本身一样需要波兰的独立。

一、马克思和恩格斯在波兰民族问题上的立场是什么

马克思、恩格斯历来重视波兰民族问题。波兰是一个多民族的国家，波兰民族与俄罗斯民族同属斯拉夫人的支脉，两者是兄弟民族，但波兰人信仰天主教，俄罗斯人信仰东正教。从17世纪开始，俄国和波兰之间的民族仇恨就滋生了，俄国强行侵占波兰领土，与普鲁士一起参与对波兰的前后三次瓜分，致使波兰亡国达123年。

《论波兰》是马克思在1847年纪念波兰起义17周年大会上做的演说。在这篇文章中，马克思第一次比较集中地阐述了马克思主义民族观。马克思用唯物史观揭示了产生民族压迫和民族剥削的真正根源，认为私有制是造成民族问题的根源，而最终消灭这一现存制度的力量是无产阶级。同时，马克思、恩格斯在总结革命斗争经验的基础上，首次提出无产阶级的解放运动应该坚持国际主义原则，联合起来，共同对抗资产阶级。

　　在1892年波兰文版序言中，恩格斯论述了无产阶级与资产阶级民主革命运动的关系。他指出，"这种独立只有年轻的波兰无产阶级才能争得"。也就是说，在恩格斯看来，资产阶级已经不能承担起完成波兰民族独立的任务，只有无产阶级才能带领波兰人民争得民族独立。在序言中，恩格斯主要阐述了波兰无产阶级的历史使命，并且要求他们要立足于波兰的现实状况，把无产阶级革命和本国的民族民主革命联系在一起。恩格斯在这里所提到的关于波兰无产阶级的历史作用，在后来的历史进程中被证明是完全正确的。

二、马克思和恩格斯在民族问题上的一般立场是什么

　　马克思和恩格斯精辟地揭示了人类社会历史和民族发展的客观规律，他们认为，过去的一切社会形态和民族类型无不具有历史的必然性和暂时性，随着生产力的发展，生产方式的演变，社会形态和民族也在不断变化。① 生产力与生产关系的发展，也可以使民族融合，社会历史和民族就是随着生产力发展和生产方式的变革，由"原始社会""奴隶社会""资本主义社会""社会主义社会"和"共产主义社会"这样发

---

① 张胥：《马克思恩格斯民族理论及其当代价值》，人民出版社，2014年，第159页。

展起来的，民族也就随着社会形态的变革，由原始民族、奴隶制民族、资产阶级民族、社会主义民族这样发展下来。这是社会历史和民族必然的不可抗拒的客观发展规律。

民族独立运动与无产阶级解放运动有密切的关系，实现了民族独立，才有可能在无产阶级政党的领导下，带领无产阶级，实现本阶级的利益，而且恩格斯用事实说明，贵族和资产阶级都不可能争取到民族的独立和统一，只有更具有革命性的无产阶级的斗争，才能最终实现民族的独立和统一。

第七节　1848年革命

正如马克思所说，那些镇压1848年革命的人违反自己的意志充当了这次革命的遗嘱执行人。

这次革命到处都是由工人阶级干的；构筑街垒和流血牺牲的都是工人阶级。只有巴黎工人在推翻政府的同时也抱有推翻资产阶级统治的明确意图。但是，虽然他们已经认识到他们这个阶级和资产阶级之间存在着不可避免的对抗，然而无论法国经济的进展或法国工人群众的精神的发展，都还没有达到可能实现社会改造的程度。因此，革命的果实最终必然被资本家阶级拿去。

……

由此可见，1848年革命虽然不是社会主义革命，但它毕竟为社会主义革命扫清了道路，为这个革命准备了基础。最近45年来，资产阶级制度由于在各国引起了大工业的飞速发展，到处造成了人数众多的、紧密团结的、强大的无产阶级，这样它就产生了——正如《宣言》所说——它自身的掘墓人。不恢复每个民族的独立和统一，那就既不可能有无产阶级的国际联合，也不可能有各民族为达到共同目的而必须实行的和睦的与自觉的合作。试想想看，在1848年以前的政治条件下，哪能有意大利工人、匈牙利工人、德意志工人、波兰工人、俄罗斯工人的共同国际行动！

一、背景知识：1848年革命

1848年欧洲革命是指1848年在欧洲爆发的资产阶级民主、民族革命，其革命任务是消灭封建制度，铲除封建残余，推翻异族压迫，建立统一的民族国家。

19世纪三四十是欧洲资本主义稳定向上发展的时期，英、法、德等国相继完成工业革命。奥地利、罗马尼亚、捷克、波兰和匈牙利等国的封建农奴制经济解体，资本主义开始发展。资本主义的迅速发展，加强了工业资本家的经济地位。英、俄、普、奥瓜分欧洲后压迫着其他民族。随着自由主义和民族主义思想的滋长，欧洲社会阶级矛盾和民族矛盾愈发激烈，催生了人民群众的革命热情，最终引发了席卷整个欧洲大陆的革命运动。

1848年1月在意大利西西里岛爆发的巴勒莫人民起义拉开了革命的序幕，随后的法国二月革命更是使革命浪潮波及全欧洲，各国纷纷开展了不同程度的革命斗争运动。爱尔兰爆发人民起义运动，比利时掀起民主共和政治斗争，尼德兰宪法改革进入高潮，西班牙多次爆发起义，斯堪的纳维亚诸国也发生了群众性的示威行动，但这些国家的革命条件尚不成熟，起义运动很快就被镇压下去。英、俄两大国的国内阶级矛盾虽然十分尖锐，但却没有爆发大规模的革命运动。俄国不仅扼杀了国内革命的发生，而且还成为欧洲反革命势力的首领。英国则在17世纪完成反封建任务，资产阶级成为掌握政权的阶级，对工人的斗争做出了让步，因此，即使英国掀起了宪章运动第三次高潮，但也未演变为革命运动。法国、德国、奥地利和意大利以及匈牙利、波兰、捷克、罗马尼亚等东南欧国家的革命行动，却猛烈地冲击着封建专制制度，改变了欧洲大陆的政治形势。

1849年9月匈牙利革命的失败，宣告了1848年欧洲革命的结束。虽然革命失败了，但它仍有力地打击了封建专制制度，摧毁了神圣同盟，削弱了俄、普、奥的统治力量，促进了意大利等国的统一和波兰、俄国的农奴制改革，为资本主义的发展扫清了障碍，推动了各国的工业化进程。

二、马克思、恩格斯在1848年革命

马克思和恩格斯是1848年革命的积极参与者。

1848年3月5日，法国二月革命爆发后不久，马克思受布鲁塞尔中央委员会的委托，到达巴黎，改组了共产主义者同盟中央委员会。马克思任主席，委员有恩格斯、鲍威尔等，秘书是沙佩尔。他们在巴黎建立了"德意志工人俱乐部"，把400名工人一个一个地送回德国，分散在全国各地。3月底他们又写了《共产党在德国的要求》，这是共产主义者同盟在德国革命中的政治纲领，规定了德国无产阶级的任务，还提出了从民主革命过渡到社会主义革命的措施。《要求》提出：用革命的方式自下而上地建立统一的共和国，实现普选权，为保证工人参加国会发给代表金，武装人民；免费诉讼；政教分离；普及国民教育，官员薪金

一律平等；废除农民封建义务；推翻封建制度；没收各邦君主领地和财产；矿山、银行、交通工具收归国有；建立国家工厂；实行高额累进税，等等。这个纲领是把《共产党宣言》具体运用到德国革命，是将资产阶级革命进行到底，并向社会主义过渡的纲领。马克思、恩格斯回到德国后，在贯彻这个纲领时还同"左"右两种错误倾向的干扰进行了斗争。

马克思以科隆为根据地，创办了《新莱茵报》。《新莱茵报》的政治纲领是：建立统一的，不可分割的，民主的德意志共和国。《新莱茵报》对欧洲的阶级斗争、各政党活动、议会和群众组织都深入进行评论，对每个成就都予以支持。它关心农民，号召农民夺取土地，对资产阶级的叛卖和普鲁士政府欺骗农民的行为予以揭露，并指出资产阶级没有农民，就无力反对贵族。马克思、恩格斯还抨击了法兰克福和普鲁士国民议会。《新莱茵报》要求改变德国对外政策，共同团结，反对欧洲三个反动堡垒。《新莱茵报》站在无产阶级一边，评述巴黎六月起义的实质及其意义。它又成为工人联合会等民主团体的核心。编辑部召集大会，呼吁国民议会议员敢于反对政府解散议会的企图，并再次召开工农大会，显示了《新莱茵报》的战斗力。马克思把柏林、汉堡、美因兹、巴门等地的工人组织团结在《新莱茵报》旗帜下，鼓舞他们为彻底解放而斗争。1849年5月，《新莱茵报》在反动势力的镇压下被迫停刊，但它对德国革命和欧洲革命做出了应有的贡献。

维也纳革命时，马克思在这里停留了10天（8月27日—9月6日），他参加了"工人联合会"和"维也纳民主协会"的会议。会上马克思批评了民主派向皇帝交请愿书的建议，指出这是无产阶级和资产阶级的斗争。8月30日，马克思在工人联合会集会上论述了六月起义、宪章运动、比利时工人运动及工人阶级取得解放的条件。9月2日，又做了雇佣劳动与资本的报告。

1848年革命失败后，马克思、恩格斯撰写了许多光辉著作，系统全面地总结了这次革命的经验教训。《1848年至1850年的法兰西阶级斗争》《德国维护帝国宪法的运动》《中央委员会告共产主义同盟者书》《德国农民战争》《德国的革命和反革命》《路易·波拿巴的雾月十八日》等，阐明了无产阶级革命和专政的原理。马克思、恩格斯合作的《论波兰》，恩格斯的《法兰克福关于波兰问题的辩论》，马克思的《1848年至1850年的法兰西阶级斗争》指出，无产阶级革命和民族解放不可分割，被压迫民族的解放是对国际反动势力的打击，是无产阶级革命胜利的保证。他们在制定民族政策时，要求支持进步的民族解放运动（如意大利、匈牙利、波兰），反对反动的民族运动（如俄国鼓动捷克资产阶级的泛斯拉夫主义运动）。

马克思、恩格斯不仅参加了这次革命，而且在革命实践中发展了马克思主义。

三、如何理解"那些镇压1848年革命的人违反自己的意志充当了这次革命的遗嘱执行人"

马克思曾经说过，路易·波拿巴不自觉地充当了1848年革命遗嘱执行人的角色，还在其他地方指出过，俾斯麦不自觉地充当了1848年革命遗嘱执行人的角色。大意是指，包括封建地主阶级和资产阶级在内的统治阶级都曾经扮演过特殊的"革命遗嘱执行人"的角色，他们在镇压革命之后，却以一种滑稽可笑的歪曲的方式，不可避免地实现了革命的要求。如何理解这一看法呢？

1848年欧洲革命属于资产阶级革命的范畴，各国的目标和任务不尽相同。有的国家，如法国，是铲除封建残余，为资本主义进一步发展开辟道路；有的国家，如德国、意大利，是推翻封建专制制度，实现国家的民族统一，以结束由于分裂和内部纷争而被削弱并因而遭到外族统治——德国受沙俄压迫、意大利受奥皇支配等——的局面；有的国家，如匈牙利、波兰和捷克等，是反对民族压迫，实现民族独立。1848年欧洲革命失败了，原因除了无产阶级还不成熟，更主要的是资产阶级的妥协、背叛及小资产阶级的软弱动摇，使得革命最终被封建反动势力所扼杀。

尽管1848年革命失败了，但是革命所争取的目标被反动的统治阶级在一定程度上得以推行，因此，从这个角度来看，可以认为，执行了1848年革命的遗嘱。其主要的内容有：第一，促成了德国的统一和被压迫民族的独立。马克思、恩格斯希望通过自下而上的革命道路，由无产阶级、城市小资产阶级和小农来消除德国在经济上和政治上的分散状态，建立一个统一的民主国家，并将资产阶级民主革命引向社会主义革命。这个设想没能得到实现，后来是由有"铁血宰相"之称的俾斯麦通过自上而下的王朝战争来实现的。第二，推动了普选和民主政治权利的扩展。第三，增加工人工资和改善社会福利。俾斯麦在统一德国之后，一方面对工人运动采取包括实施《反社会党人非常法》的高压政策，另一方面又沿袭德意志民族重视社会保险的传统，先后颁布了《疾病保险法》《工伤事故保险法》《老年残废保险法》。俾斯麦的做法被其他国家所效仿。

在《共产党宣言》的序言中，恩格斯指出，1848年革命到处都打着无产阶级的旗帜，为革命流血牺牲的也都是工人阶级，但是，由于现实的经济发展水平以及工人阶级自身的精神发展水平都还没达到变革的程度，所以革命的果实最终被资产阶级夺走。在资产阶级掌握了国家政权以后，他们就又反过来对工人阶级的革命运动进行镇压，因此，1848年欧洲革命最终以失败告终。在这里，恩格斯肯定了1848年欧洲革命的历史意义，认为它为社会主义革命扫除了障碍，而且还产生了大量的紧密团结在一起的无产阶级，这是无产阶级进行革命的重要前提和基础。因此，从这个意义上看，1848年革命的遗嘱执行为社会主义革命扫清了道路。

第二章

资产者与无产者

第一节 阶级斗争与历史

至今一切社会的历史都是阶级斗争的历史。

一、何谓阶级

有关阶级的经典定义来自列宁："所谓阶级，就是这样一些集团，这些集团在历史上一定社会生产体系中所处的地位不同，对生产资料的关系（这种关系大部分是在法律上明文规定了的）不同，在社会劳动组织中所起的作用不同，因而领得自己所支配的那份社会财富的方式和多寡也不同。所谓阶级，就是这样一些集团，由于它们在一定社会经济结构中所处的地位不同，其中一个集团能够占有另一个集团的劳动。"[①]

在这里，列宁的"阶级"概念有这样几层含义：首先是一个社会集团。社会集团由众多的个人所组成，但社会集团并不等于个人的简单

[①] 《列宁全集》第29卷，人民出版社，1956年，第382页。

加总，它包含了许多社会结构上的特征。其次是阶级的本质与社会生产劳动相联系，而不是与其他社会因素相联系。在资产阶级社会里，许多资产阶级思想家往往通过其他非社会生产劳动的因素来划分群体，事实上将原本纵向对立的阶级划分成不同的横向分割的群体，比如性别、种族乃至性取向，等等。不能否认性别、种族等社会因素的社会群体的区别，但是如果仅仅停留在这个方面，事实上就将由于生产资料所有制以及社会劳动所导致的分配差距掩盖了。马克思主义论述阶级的本质必须深入社会生产劳动，因为只有社会生产劳动才真正深入生产力和生产关系层面，才能够真正把握社会经济发展的根本矛盾与动力。最后，这一阶级定义还强调了剥削因素，这是阶级对立和冲突的根源。阶级之间的其他冲突，比如意识形态、观念、生活方式，是剥削这个因素的外化和表现。

二、阶级斗争与吃喝住穿

历史是指一切人类的活动。如果从字面来看，"至今一切社会的历史都是阶级斗争的历史"，似乎历史之外就没有其他活动。为完整准确地理解这一句，需要我们对阶级斗争与其他历史活动的关系给予正确的把握。

历史指全部的人类活动，远自人类社会产生私有制和阶级之前，就存在人类的活动，因此也必然存在着历史。从这一点来看，我们似乎没有理由认为，全部历史都是阶级斗争的历史。正是基于对原始社会的理解，恩格斯在1888年英文版的注释中对"历史"进行了限定："这是指有文字记载的全部历史。"这样，可以说对于该句给出了一个完整的解释。

马克思和恩格斯使用这种包含全称判断的带有独断含义的表述，是要强调阶级斗争在历史中的重要地位。在这里，"阶级斗争"与"历史"是两个概念，虽然两者存在着关联，但在语义上，两者首先是独立的，并且语义有别。正因为"阶级斗争"与"历史"在概念上的独立性，"至今一切社会的历史都是阶级斗争的历史"这一表述才有价值。换句话说，正是由于阶级斗争不同于历史，该命题表面上的形式逻辑上的矛盾才获得了更为深刻的意义：在马克思之前，人们在观察和解释历史时，并没有将它与阶级斗争联系起来，他们的观察结论与解释并未真正把握历史的真实的因果联系。在这个意义上，马克思和恩格斯以一种不容置疑的口吻所表达的"历史即阶级斗争史"的观点获得了一种理论革命意义，它宣告了人类历史理论中的一种崭新观念的诞生：历史唯物主义以阶级斗争作为基本分析方法的历史观。

三、阶级斗争构成历史的什么

在"至今一切社会的历史都是阶级斗争的历史"这句话中，马克思强调的是阶级斗争推动社会历史，阶级斗争是历史发展的动力。阶级斗争与人类社会生活的吃、穿、宗教、艺术等，并不是并列的关系，它是隐含在吃穿住行里面的，是隐含在宗教、艺术等各个领域里面的，阶级斗争推动着它们的发展，是它们的动力，而且是主要动力。

马克思和恩格斯在1879年9月所撰写的《给奥·倍倍尔、威·李卜克内西、威·白拉克等人的通告信》中明确指出，"将近40年来，我们一贯强调阶级斗争，认为它是历史的直接动力，特别是一贯强调资产阶级和无产阶级之间的阶级斗争，认为它是现代社会变革的巨大杠杆，所以我们决不能和那些想把这个阶级斗争从运动中勾销的人们一道走"。① 结合马克思和恩格斯的论述，我们尝试对此做如下具体阐述。

第一，阶级斗争蕴含在其他各种活动之中，但在宏观上阶级斗争构成了历史的动力。在多数情况下，阶级斗争蕴含在围绕着吃、穿、住、行等日常经济活动和其他社会政治和文化活动之中，它并不是某种活动的子集，仅仅从属于这一类活动，而是蕴含在所有各种经济、社会、政治和文化活动之中，因此从宏观的经济社会结构来看，阶级斗争构成历史的真正动力与实质。

第二，阶级斗争意味着变化，因此阶级斗争的历史观意味着对社会历史持一种辩证的动态发展观。阶级斗争是唯物辩证法在阶级观念上的表现，同时也包含着社会发展的变动不居这个必然的结论。当文明一开始的时候，生产就开始建立在级别、等级和阶级的对抗上，最后建立在积累的劳动和直接的劳动的对抗上。"没有对抗就没有进步。这是文明直到今天所遵循的规律。到目前为止，生产力就是由于这种阶级对抗的规律而发展起来的。"② 阶级斗争不仅将推动生产力的发展，同时也会推动经济、社会、政治、文化等文明的发展。与阶级斗争的发展观相对照的情形是，要使小生产永远存在下去，除非"下令实行普遍的中庸"。③ 由于这种普遍的中庸拒绝矛盾和冲突，因此其所导致的逻辑结果必然是"天不变，道亦不变"。这种中庸历史观当然是错误的。

第三，阶级斗争的展开表现为其他各种活动的变化，小到吃、穿、住、行等日常生活的变化，大到社会力量的此消彼长，乃至社会形态的根本变迁。即使社会经济结构没有发生结构性的变化，那些吃、穿、

---

① 《马克思恩格斯选集》第3卷，人民出版社，1995年，第685页。
② 《马克思恩格斯全集》第4卷，人民出版社，1958年，第104页。
③ 《马克思恩格斯全集》第23卷，人民出版社，1972年，第830页。

住、行等日常生活的变化也与阶级斗争的动力密不可分。比如，尽管饮食这种活动并非阶级斗争本身，但是在既定经济社会条件下的阶级斗争的结果往往导致食物分配、食物营养结构的变化。

第四，可以将阶级斗争视为对抗性阶级社会中历史发展的最重要的直接动力，可以称之为主要动力。① 马克思和恩格斯在《共产党宣言》中强调，"至今一切社会的历史都是阶级斗争的历史"，鲜明地表达了对阶级斗争作为历史发展直接动力的重要性的认识，也将之与其他非阶级性的历史发展动力区别开来。如此就引发了下一个问题，即如何看待非阶级性的历史发展动力。

第二节 阶级斗争的历史

自由民和奴隶、贵族和平民、领主和农奴、行会师傅和帮工，一句话，压迫者和被压迫者，始终处于相互对立的地位，进行不断的、有时隐蔽有时公开的斗争，而每一次斗争的结局都是整个社会受到革命改造或者斗争的各阶级同归于尽。

在过去的各个历史时代，我们几乎到处都可以看到社会完全划分为各个不同的等级，看到社会地位分成多种多样的层次。在古罗马，有贵族、骑士、平民、奴隶，在中世纪，有封建主、臣仆、行会师傅、帮工、农奴，而且几乎在每一个阶级内部又有一些特殊的阶层。

从封建社会的灭亡中产生出来的现代资产阶级社会并没有消灭阶级

---

① 我们使用"主要"一词来修饰阶级社会中的阶级斗争的动力作用，一方面是如此它才能与社会基本矛盾有深刻的必然联系，另一方面是为了区别于将阶级斗争视为唯一的动力作用，从而区别于阶级社会中非阶级的历史动力。

对立。它只是用新的阶级、新的压迫条件、新的斗争形式代替了旧的。

但是,我们的时代,资产阶级时代,却有一个特点:它使阶级对立简单化了。整个社会日益分裂为两大敌对的阵营,分裂为两大相互直接对立的阶级:资产阶级和无产阶级。

一、资本主义社会之前的等级社会

《宣言》中的等级指在社会地位上和法律地位上不平等的各种不同的社会集团。这种等级差别在奴隶制和封建制下极为明显。其中最突出的表现就是欧洲中世纪的封建社会。布洛赫对"封建主义"下了一个重要定义:"依附农民;附有役务的佃领地(即采邑)而不是薪俸的广泛使用专职武士等级的优越地位;将人与人联系起来的服从——保护关系(这种关系在武士等级内部采用被称作附庸关系的特定形式);必然导致混乱状态的权利分割;在所有这些关系中其他的组织形式即家族和政府的留存(在封建社会第二阶段,国家将获得复兴的力量)——这些似乎就是欧洲封建主义的基本特征。"

这种等级社会最本质的特征在于它与政治权力密切相关,一个等级的成立与维持,其背后是政治权力。就是说,从氏族、部落伊始,公权力的掌握者,就依据自己的权力优势,不仅占有了更多的社会财富,而且进一步通过产权关系的安排,使这种占有合法化。而在资本主义社会中,其阶级分化的基本依据在于对生产资料的占有,而不是政治权力。资本主义社会在形式上取得了以往等级社会所不存在的自由、平等和法治,这是资本主义阶级社会相对于前资本主义等级社会的一大进步。

二、何谓资本主义[①]

为什么要对一个大家都能够理解的事物继续追索其含义？也许有人认为，资本主义已经成为一个惯见熟识的术语，今天再定义实属多余。但事实并非如此，因为许多影响广泛的讨论，都涉及对于资本主义的不同理解。而资本主义的定义如此繁多，以至于许多情况下，人们用各自不同的理解来进行对话。这也意味着探讨资本主义的定义，厘清它在不同语境下的具体所指，有其学理上的必要性。

但要看到，给出一个所有人都认可的定义是不可能的，便是在马克思主义的语境内，要求有关"资本主义"的定义放之四海而皆准也很困难。因为，经典马克思主义作家们经常用资本主义指涉不同的事物，也就是说，资本主义有着不同的所指。根据它们的不同所指分别给资本主义下定义才有可能和必要。

（一）马克思是否使用过"资本主义"：一桩学术公案的回顾

十多年前，国内有过一场有关马克思是否使用过"资本主义"一词的讨论。在《"资本主义萌芽情结"》一文中，李伯重先生写道：

> 尽管资本主义自产生之日到今天，在西方已存在了好几个世纪，但是到今天为止，西方学术界还没有人能够说清什么是资本主义。根据费南德·布劳代尔（Fernand Braudel）的考证，资本主义（Capitalism）一词，尽管是当代世界政治语汇中最重要和最常用的术语之一，但其涵义却一向不很明确。此

[①] 原文发表在《湖南师范大学社会科学学报》2013年第4期，题为《资本主义：基于经典文本的所指及定义分析》。

词最早出现于一七五三年版的法国《百科全书》，尔后又于一八四二年、一八五〇年和一八六一年分别出现于 J. B. 理查德（J. B. Richard）、路易·布兰克（Lewis Blanc）和普鲁东等人的著作中，但各人给它下的定义都各不相同。最令人惊诧的是，马克思本人从未使用过这个词。一直到了二十世纪初，这个词才忽然流行了起来，但是主要是作为一个政治术语来使用，所以保守的西方经济学家一直反对采用它。此后，这个词的运用越来越广泛，但是对它所下的定义仍然颇有分歧，莫能一是。①

随后许清江对文中的惊诧表示惊讶，认为"资本主义"是马克思著作中使用频率相当高的一个词。② 其他学者也加入该论争，这样，马克思本人是否使用过资本主义这一概念构成了一场持续数年的讨论。大抵上，讨论可以分为两派，其中一方认为，马克思只是使用过形容词"资本主义的"，而未使用名词"资本主义"。③而另一方则认为，马克思在19世纪60年代广泛使用"资本主义生产方式""资本主义生产""资本主义社会""资本主义所有制""资本主义制度"等概念，都是从名实相符的经济制度的涵义上对资本主义的说明。"最早从社会经济制度涵义上运用'资本主义'概念的，正是马克思。"④对于这场争论的来龙去脉，蒲国良 2004 年作了一个综述，基本上可以视为讨论的结

---

① 李伯重：《"资本主义萌芽情结"》，《读书》1996 年第 8 期，第 66 页。
② 许清江：《也谈资本主义一词的使用》，《读书》1997 年第 1 期，第 155 页。
③ 吴向东：《马克思与"资本主义"》，《马克思主义研究》2000 年第 4 期。
④ 卫兴华：《究竟何人最先从经济制度涵义上使用"资本主义"和"市场经济"概念?》，《马克思主义研究》2000 年第 6 期，第 79 页。

束。① 纵观这桩学术公案的讨论，可以得出如下结论：第一，马克思虽然通常没有单独使用资本主义这个名词，而是以"资本主义+其他"的方式出现，但晚年的一些篇章确实使用了"资本主义"这个名词。② 比如《哥达纲领批判》中说，"不同的文明国度中的不同国家，不管它们的形式如何纷繁，却有一个共同点：它们都建立在现代资产阶级社会的基础上，只是这种社会的资本主义发展程度不同罢了。"③ 第二，马克思的著作无疑是理解资本主义最重要的文本，哪怕他很少或者没有使用"资本主义"一词。

至此，就马克思是否使用"资本主义"一词的争论基本告一段落，但蕴含在争论中的深层原因却远超于此。第一，李伯重先生借布氏说法，是想说明在有关资本主义萌芽的讨论中，人们之所以对资本主义萌芽有不同理解，源于彼此对资本主义的认识上的差别。曾有学者将中国的资本主义萌芽追溯至秦汉，也有的持唐宋论、晚明论以及晚清论。所以存在这种分歧，并不是由于学者们对于史实本身的真伪存在异议，而在于概念上的理解有别。

第二，当时的争论虽然主要涉及的是文本，但论述的指向却或明或暗地涉及社会主义与资本主义如何区分的问题。一方的言下之意是，因为马克思没有使用过"资本主义"一词，所以我们今天所理解的资本主义可能并不符合马克思的本意，因此存在重新认识资本主义的必要性；而另一方对这个问题之所以反应激烈，绝不仅仅是因为语词运用这

---

① 蒲国良：《关于资本主义概念的讨论述评》，《当代世界与社会主义》2004 年第 3 期。
② 张卫良、周东华：《对马克思"资本主义"概念的再认识》，《史学理论研究》2001 年第 4 期。
③ 《马克思恩格斯选集》第 3 卷，人民出版社，1995 年，第 313 页。

样的小事，或多或少是担心对方所隐含的倾向。

总之，有关资本主义的定义是极其重要的。这个问题不会因为马克思是否使用过"资本主义"术语这场争论的结束而失去意义。相反，它是我们理解和发展马克思主义应首先把握的问题之一，这也是本文所以探讨这个问题的理由所在。毫无疑问，我们应当尽可能采取马克思主义经典作家的论述，尤其是马克思的论述。但是，下文将指出，即使在马克思以及马克思主义经典作家的文本中，资本主义仍然有不同的具体所指。

(二) 经典文本中不同的"资本主义"所指

资本主义可以有许多种所指，比如在非马克思主义的学说中，一种有代表性的观点是将资本主义解释为某种精神，以为资本主义的清教伦理强调节俭，理性计算，由此导致了西方世界的兴起。[①] 这种具体所指无疑与马克思主义注重经济社会基础的思想相背，而且也不符合历史事实。比如，布罗代尔发现，工业革命前西欧诸国都奢侈成风，威尼斯如此，法国也如此，至于工业革命的起源地，英国的奢侈之风并不下于其他国家。此外，这些贵族虽然讲排场，但并不与他们的资本主义贸易相违背。[②] 除了将资本主义界定为一种精神之外，还有将资本主义定义为一种网络、信任结构、谋利方式，等等，不一而足。这些形形色色的定义有可能揭示了资本主义的某个方面，但显然与马克思主义的解释力不可同日而语。在这个问题上，许多受到马克思主义影响的经济学家给出

---

① 这种观念的最初代表无疑是马克斯·韦伯，但是绝不仅仅限于他。自他而后，以帕森斯为代表的一些社会学家和部分经济学家总是试图以这种或那种方式让韦伯复活。对于这个问题的综述，可以参见安德烈·冈德·弗兰克的《依附性积累与不发达》（高铦、高戈译，译林出版社，1999年）第三章对韦伯及其信徒的评判。

② [法] 费尔南·布罗代尔：《15 至 18 世纪的物质文明、经济和资本主义》第 2 卷，三联书店，1993 年，第 541 页。

的资本主义定义与马克思主义经典作家的论述比较接近，比如一本政治经济学的著作如此定义："资本主义是这样一种经济制度，在这种制度下，雇主以盈利为目的雇佣工人生产并出售产品和服务。"①但考虑到类似的将资本主义定义为生产方式、经济制度或者社会形态的论述，往往源于马克思，并不具有独创性，因此我们对马克思主义经典作家之外的论述不做全面论述，而全力关注马克思主义经典作家的用法。

这里，笔者想提醒这样一个事实，即马克思主义经典作家在许多地方都使用过"资本主义"这一词——不管是作为修饰语，还是名词。考虑到即使是修饰语，也不可能不指向某种隐含的"名词"。而这些多处所使用的资本主义，虽然其中都包含了某些相同或重合的意义，但毕竟具体所指仍然存在着重要差别。因此，重要的不是资本主义的名词形式，还是形容词形式，而是在具体的语境中资本主义所指的是一种什么内容。下面分别主要以《资本论》与《毛泽东选集》为对象，简要地梳理马克思主义经典作家所使用的"资本主义"的具体所指。这里我们特别关注作为生产方式、经济制度和社会形态这三个彼此关联但绝不可混同的所指。

首先，资本主义指一种生产方式。"资本主义的生产是这样一种社会生产方式，这种生产方式下，生产过程从属于资本，或者说，这种生产方式以资本和雇佣劳动的关系为基础，而且这种关系是起决定作用的、占支配地位的生产方式。"② 应该说，在马克思的语境中，许多使用资本主义生产或者资本主义生产方式用语的场合，大抵都指这种情

---

① ［美］塞缪尔·鲍尔斯、［英］理查德·爱德华兹、［美］弗兰克·罗斯福：《理解资本主义：竞争、统制与变革》，孟捷、赵准、徐华主译，中国人民大学出版社，2010年，第4页。

② 《马克思恩格斯全集》第47卷，人民出版社，1979年，第151页。

况。比如《资本论》第一版序言中提到的情形:"我要在本书研究的,是资本主义生产方式以及和它相适应的生产关系和交换关系。""问题本身并不在于资本主义生产的自然规律所引起的社会对抗的发展程度的高低。问题在于这些规律本身,在于这些以铁的必然性发生作用并且正在实现的趋势。工业较发达的国家向工业较不发达的国家所显示的,只是后者未来的景象。"①

在《毛泽东选集》中,类似的用法也非常多,比如在《中国社会各阶级的分析》提到,中产阶级"代表中国城乡资本主义的生产关系"。②"中国尚少新式的资本主义的农业。"③《论持久战》提到中国的进步所在:"今天中国的进步在什么地方呢?在于它已经不是完全的封建国家,已经有了资本主义,有了资产阶级和无产阶级,有了已经觉悟或正在觉悟的广大人民,有了共产党,有了政治上进步的军队即共产党领导的中国红军,有了数十年革命的传统经验,特别是中国共产党成立以来的十七年的经验。"④ 这些作为名词的资本主义显然应当指的是生产方式。

其次,资本主义指一种经济制度。相比较前面的生产方式,这一所指偏重经济占有,尤其是所有制。生产方式与经济制度,两者毫无疑问存在着联系,但也看到,两者毕竟并非同一事物。"从资本主义生产方式产生的资本主义占有方式,从而资本主义的私有制,是对个人的、以自己劳动为基础的私有制的第一个否定。"⑤这里说明:(1) 占统治地位的生产方式必然决定相应的经济制度,因此,资本主义生产方式可以产

---

① 《马克思恩格斯全集》第23卷,人民出版社,1972年,第8页。
② 《毛泽东选集》第1卷,人民出版社,1991年,第4页。
③ 《毛泽东选集》第1卷,人民出版社,1991年,第8页。
④ 《毛泽东选集》第2卷,人民出版社,1991年,第451—452页。
⑤ 《马克思恩格斯全集》第23卷,人民出版社,1972年,第832页。

生资本主义私有制。(2) 但是，同时经济制度更偏重的是生产的社会方面，而前述的生产方式则相对偏重生产的物质方面。

类似例子在马克思和恩格斯的文本中不难找到。同样是在《资本论》第二版的序言中："只要政治经济学是资产阶级的政治经济学，就是说，只要它把资本主义制度不是看作历史上过渡的发展阶段，而是看作社会生产的绝对的最后的形式，那就只有在阶级斗争处于潜伏状态或只是在个别的现象上表现出来的时候，它还能够是科学。"① 在该文中，马克思引用的一位俄国作者的评论也这样说："马克思给自己提出的目的是，从这个观点出发去研究和说明资本主义经济制度。"②

毛泽东在《中国共产党在抗日时期的任务》中对土地革命时期的论述是："工农民主共和国的口号，不是违背资产阶级民主革命任务的，而是坚决地执行资产阶级民主革命任务的。我们在实际斗争中没有一项政策不适合这种任务。我们的政策，包括没收地主土地和实行八小时工作制在内，并没有超出资本主义范畴内私有财产制的界限以外，并没有实行社会主义。"③《矛盾论》中说："资本主义制度所包含的生产社会化和生产资料私人占有制的矛盾，是所有有资本主义的存在和发展的各国所共有的东西，对于资本主义说来，这是矛盾的普遍性。"④ 这里的资本主义都指的是资本主义经济制度，考虑到各国都有资本主义的存在和发展，但发展形态又不一样，有些国家虽然有资本主义经济制度，但由于它尚未占统治地位，便未将整个社会称作"资本主义社会"，比如当时的中国。这也引出了资本主义的第三个所指。

---

① 《马克思恩格斯全集》第23卷，人民出版社，1972年，第16页。
② 《马克思恩格斯全集》第23卷，人民出版社，1972年，第23页。
③ 《毛泽东选集》第1卷，人民出版社，1991年，第260页。
④ 《毛泽东选集》第1卷，人民出版社，1991年，第318页。

第三，资本主义指一种社会形态。社会形态要比生产方式和经济制度更为综合，它除了包含生产方式和经济制度之外，还涉及整个社会结构。这就是说，除了经济上的因素之外，社会中的各个阶级、各个阶级之间的社会关系、社会意识形态以及相应的政治上层建筑均处于一个总体上相互适应、相互支持的状况，它们与经济制度共同构成了一个共同体。而社会形态则是对这个共同体的抽象的描述。

在《资本论》中，用资本主义修饰社会形态的地方并不鲜见。"使实际的资产者最深切地感到资本主义社会充满矛盾的运动的，是现代工业所经历的周期循环的变动，而这种变动的顶点就是普遍危机。"①《实践论》指出，"不能在封建社会就预先认识资本主义社会的规律，因为资本主义还未出现，还无这种实践。马克思主义只能是资本主义社会的产物"。②这里出现了"资本主义社会"，也出现了"资本主义"，从上下文意思来看，应该说两者所指的是同一个事物，即资本主义的社会形态。在《中国革命和中国共产党》一文中，毛泽东指出，"中国封建社会内的商品经济的发展，已经孕育着资本主义的萌芽，如果没有外国资本主义的影响，中国也将缓慢地发展到资本主义社会"。③ 这里，前半句的资本主义萌芽，指的应当是资本主义生产方式，中间的外国资本主义，偏重于生产方式，而后半句的资本主义社会，则明确为一种社会形态。同一篇文章，则明确地使用"资本主义"这个概念指称资本主义社会形态，如"在现阶段上的中国资产阶级民主主义的革命，不是一般的旧式的资产阶级民主主义的革命，而是特殊的新式的民主主义的革命，而是新民主主义的革命，而中国革命又是处在二十世纪三十和四十

---

① 《马克思恩格斯全集》第23卷，人民出版社，1972年，第24—25页。
② 《毛泽东选集》第1卷，人民出版社，1991年，第287页。
③ 《毛泽东选集》第2卷，人民出版社，1991年，第626页。

年代的新的国际环境中,即处在社会主义向上高涨、资本主义向下低落的国际环境中,处在第二次世界大战和革命的时代,那末,中国革命的终极的前途,不是资本主义的,而是社会主义和共产主义的,也就没有疑义了"。①

(三) 选择社会形态作为定义视角的意义

根据马克思主义经典作家文本中"资本主义"的不同语义,显然,无法给出一个统一的定义。这些不同语用中,虽然都存在着某些共通的东西,但毕竟不可能持其中一种定义而视其他使用皆为错误。事实上,为了准确理解不同语境中"资本主义"的确切含义以及延伸,必须将不同的语用区分开来,否则就容易造成逻辑上的混乱。这里不妨引述一位学者的论述来说明。

何顺果先生认为:"马克思关于'资本主义生产方式'的定义,实际上就是他关于'资本主义'的定义,因为他按照其对'资本'的独特理解把资本主义看作历史上一种独特的社会经济形态,而把资本主义生产方式看作这种社会经济形态的标志。"②这句话颇有商榷之处,后半句将资本主义生产方式看成为资本主义——这里资本主义是一种社会经济形态——的标志,这里,资本主义生产方式与资本主义——这里指社会形态——是两种事物,尽管它们存在着密切关联,但并非一物。而前面说马克思有关资本主义生产方式的定义,即为资本主义的定义,显然,何氏将资本主义生产方式与资本主义社会形态视为一物。也许何氏仅仅只是想表达这样一种观念,即资本主义生产方式与资本主义社会存在着充分必要关系,存在着资本主义生产方式就意味着它即资本主义社

---

① 《毛泽东选集》第 2 卷,人民出版社,1991 年,第 650 页。
② 何顺果:《关于"资本主义"的定义》,《世界历史》1997 年第 5 期,第 28 页。

会，而资本主义社会必然以资本主义生产方式作为标志，两者不仅存在着一一对应的关系，而且基本上是等同的。

这里存在着逻辑上的谬误，① 因为存在如下两者并不对应的可能状况：第一，存在着资本主义生产方式并不意味着资本主义社会已经形成，它有可能在前资本主义社会中已经出现，但尚未居支配地位。第二，非资本主义社会也可以存在着资本主义生产方式和经济制度，只要它不占有统治地位，比如新民主主义时期的中国。历史地看，这种逻辑上的不一致构成了资本主义发展的重要过渡阶段。比如，工场手工业是一种资本主义生产方式，但是存在工场手工业，并不一定说明当时已经是资本主义社会。否则，中国的明代就足以称之为资本主义了。同理，资本主义所有制指资本家拥有生产资料，而生产工人只能出卖劳动力的经济制度。这种制度很早就已经出现。在资本主义社会得以正式确立之前，资本主义经济制度已经在英国和殖民地产生。总之，资本主义是一个综合性的概念，它指的是包含生产力、生产关系和所有制等在内的一个社会总体。不能因为在某个时期出现了某些因素，就将该社会视为资本主义社会。这些前资本主义时代的某些资本主义因素，仅仅可以称之为资本主义萌芽。

由此可见，有必要摒弃将资本主义生产方式、资本主义经济制度和资本主义社会相混淆的逻辑。对资本主义的把握至少应当从这几个层次分别进行，而每一层次有关资本主义的理解都不能代替另外的层次，它们都有着其自身的独立性。资本主义的不同所指在使用方面存在着重要区别，本书有关资本主义的定义限于社会形态层面，主要考虑有以下

---

① 这里仅仅针对何顺果先生1997年的论文，何顺果先生在两年后发表的《社会形态不等于生产方式》（载《读书》1999年第6期）显然意识到了这个问题。本文的论述与何先生后来的见解是相通的。

三点：

第一，社会形态是一个总体判断，而所有制或生产方式更多是一种单维角度的定义。以经济制度所给出的定义虽然较所有制更为综合，但相比较社会形态而言，仍然不够全面。尽管经济制度和生产方式有其不可替代的讨论价值，但社会形态显然运用得更为频繁，并且其他层面的所指——比如政治制度和意识形态——往往也是从社会形态的所指中衍生而来。

第二，社会形态的论述已经构成资本主义及其对立物——社会主义——的通常用法，这构成了认识和发展社会主义的重要参考。在《毛泽东选集》和《邓小平文选》中，当资本主义与社会主义相提并论时，往往都是作为一种社会形态来使用的。比如，毛泽东在《中国共产党在抗日时期的任务》中指出，在民族抗战任务中建立的民主共和国具有两种可能前途，"它的前途虽仍然有走上资本主义方向的可能，但是同时又有转变到社会主义方向的可能，中国无产阶级政党应该力争这后一个前途"。① 1982年10月4日，邓小平指出："社会主义同资本主义比较，它的优越性就在于能做到全国一盘棋，集中力量，保证重点。"② 从更为广泛的范围来看，这种将社会主义与资本主义作为比较，并用来探讨人类社会发展道路的思维，并不限于马克思主义经典作家，也不限于社会主义国家。许多认真思考人类历史命运的学者，都会很自然地将资本主义和社会主义这两种社会形态做出比较。比如，作为一个有良知的科学家，爱因斯坦曾坦承选择社会主义而拒绝资本主义的理由："照我的见解，今天存在着的资本主义社会里经济的无政府状态是这种祸害的真正根源。我们看到在我们面前一个庞大的工商业界，它的

---

① 《毛泽东选集》第1卷，人民出版社，1991年，第264页。
② 《邓小平文选》第2卷，人民出版社，1994年，第16—17页。

成员彼此在不断地拼命剥夺他们集体劳动的果实……我深信，要消灭这些严重祸害，只有一条道路，那就是建立社会主义经济，同时配上一套以社会目标为方向的教育制度。在这样一种经济制度里，生产手段归社会本身所有，并且有计划地加以利用。计划经济按社会的需要而调节生产，它应当把工作分配给一切能工作的人，并且应当保障每一个人，无论男女老幼，都能生活。"①通常对封建社会、资本主义社会和社会主义社会所作的区分和讨论也是基于社会形态这个层面。

第三，社会形态的定义并不否认现实的资本主义社会中存在着社会主义的因素，在任何一个具体的现实社会形态中，都可能存在着不属于其本质的内容。比如在资本主义社会中，也会存在着一些社会主义的因素，以及一些前资本主义小生产的因素。所以我们会看到，有些资本主义国家，其福利制度——这或多或少具备一些社会主义因素——相当发达，以至于这些国家的政治家自称是"社会主义"。但这些因素是建立在资本主义生产资料所有制以及私人资本雇佣劳动的基础上，不足以构成对其资本主义本质的否定。

（四）资本主义：基于社会形态的定义

虽然马克思并未给资本主义下过定义，但是对于资本主义的定义，却不可能脱离马克思的论述。本文试图将马克思对资本主义的零散解释综合起来，从社会形态的角度对资本主义给出定义。社会形态包括生产力和生产关系这两个基本方面，而生产关系又包括生产资料所有制和资源配置方式这两个方面。由此，本文给出如下定义：资本主义是以机器大生产为基础、以私人资本雇佣劳动作为其基本生产关系、以市场作为

---

① [美] 爱因斯坦：《为什么要社会主义》，《爱因斯坦文集》第3卷，许良英、赵中立、张宣三译，商务印书馆，1979年，第271—273页。

基本资源配置方式的社会形态。

该定义包含如下几个方面的内涵：第一，资本主义以机器大生产作为其物质基础。一种完整的社会形态必须将其生产力考虑在内。有学者认为，资本主义就是资本剥削雇佣劳动者，攫取剩余价值的制度，而资本主义社会则是资本家和无产阶级对立的社会。① 这一定义抓住了资本雇佣劳动这一特征，但是忽略了资本主义的物质基础。如此解释，则有可能将许多"资本主义萌芽"也视同"资本主义"。此外，逻辑上完全有可能假设这样一种社会，即社会生产力没有多大发展，仍然停留在小生产或者至多是工场手工业的协作生产上，但生产关系却是以资本雇佣劳动为主要特征。如果不考虑机器大生产这一因素，这样的社会也可被视为资本主义。但在马克思的语境中，生产力大发展构成了资本主义的一个核心要素。比如《共产党宣言》中对生产力的描述：

> 资产阶级在它的不到一百年的阶级统治中所创造的生产力，比过去一切世代创造的全部生产力还要多，还要大。自然力的征服，机器的采用，化学在工业和农业中的应用，轮船的

---

① 马克垚：《中西封建社会比较研究》，学林出版社，1997 年，第 13 页。应当承认，即使在马克思的论述中，有时也仅仅强调资本雇佣劳动这个单一的要素。比如，《资本论》曾说："使各种社会经济形态例如奴隶社会和雇佣劳动的社会区别开来的，只是从直接生产者身上，劳动者身上，榨取这种剩余劳动的形式"（《马克思恩格斯全集》第 23 卷，人民出版社，1972 年，第 244 页）。笔者认为，马克思在这里的判断尚不能够仅仅以单一的资本雇佣劳动来作为判别资本主义社会的标准。根据《资本论》的逻辑，从商品到雇佣劳动，到机器大生产，一直到利润、利息等全部资本主义社会经济制度，这是一个从细胞解剖直至整体的过程。此处引文属于绝对剩余价值生产一章，它用鲜明的逻辑揭示出资本主义生产方式与奴隶社会生产方式的区别，但不可以因此而作为马克思主义判别资本主义的唯一的充分标准。因为在《资本论》的逻辑中，此处马克思对资本主义的分析尚未结束，不可以作为整个社会（亦即社会形态）的判断。

行驶，铁路的通行，电报的使用，整个整个大陆的开垦，河川的通航，仿佛用法术从地下呼唤出来的大量人口，——过去哪一个世纪料想到在社会劳动里蕴藏有这样的生产力呢？①

《资本论》第一句话是："资本主义生产方式占统治地位的社会的财富，表现为'庞大的商品的堆积'。"② 这里"庞大的"虽然只是一个形容词，并未给出具体的概念，但在马克思的理解中，也只有在机器大生产的条件下，才有可能做到庞大这个程度。关于资本主义生产方式的具体形式，马克思虽然承认，简单协作与分工协作都可以算作资本主义的生产方式，但是只有机器生产，才真正让资产阶级确立了自己的统治。他认为，"机器使手工业的活动不再成为社会生产的支配原则。因此，一方面，工人终生固定从事某种局部职能的技术基础被消除了。另一方面，这个原则加于资本统治身上的限制也消失了"。③ 也就是说，只有到了机器生产，资本家雇佣劳动才内在地有了其必然性，而且资产阶级的统治才真正得以确立。正是在这个意义上，1868年，马克思在《总委员会提交布鲁塞尔代表大会的关于在资本主义制度下使用机器的后果的决议草案》中指出，"机器成了资本家阶级用来实行专制和进行勒索的最有力的工具"。④

将机器生产作为资本主义内容的组成部分，还因为在资本主义生产资料所有制条件下，机器生产与资本主义社会的两个基本阶级密不可分。机器迫使手工业者失业，劳动者与生产工具分离，资本家因此而确

---

① 《马克思恩格斯选集》第1卷，人民出版社，1995年，第277页。
② 《马克思恩格斯全集》第23卷，人民出版社，1972年，第47页。
③ 《马克思恩格斯全集》第23卷，人民出版社，1972年，第407页。
④ 《马克思恩格斯全集》第16卷，人民出版社，1964年，第357页。

立对无产阶级的剥削,"无产阶级是由于采用机器而产生的"①。如果没有机器生产,雇佣劳动仅仅是一种偶然的经济制度,只有在机器生产的前提下,资本主义的其他几个条件才能够彼此契合,并形成一种整体上稳定的社会形态。历史上看,在工业革命发生之前,雇佣劳动制度从来都不是一种新东西。但之所以这些雇佣劳动无法奠定资本主义这一社会形态,那是因为原有的生产力——农业和手工业中最主要是牲畜和简单工具——的生产率过低,无法获得相对于个体劳动的效率优势。至于商业和服务业中的雇佣劳动,也规模小并且无法推进整个社会的变革。而一旦机器大生产出现并得以确立,雇佣劳动乃至整个资本主义经济制度才有可能真正稳定下来,并进而支撑整个资本主义社会。

将机器大生产纳入资本主义这一概念还具有一个特殊的历史意义,它界定了资本主义作为一个社会形态的起始点:工业革命。在工业革命之前的社会形态,不管其经济制度和社会生活与后来的社会存在着多大程度上的相似,都不可以算作资本主义社会。因此,资本主义社会最早仅可追溯至18世纪后半叶的工业革命的英国。②

有必要指出的是,马克思本人的许多用法与本文的定义不尽相符。比如,他认为,手工业的简单协作和工场手工业的分工协作,也属于资

---

① 《马克思恩格斯全集》第42卷,人民出版社,1979年,第374页。此为《共产主义信条草案》的文本,在《共产主义原理》中,恩格斯将此句改为"无产阶级是由于工业革命而产生的"。这两种表达没有本质上的区别,但工业革命指明历史上的时序,而机器生产则表明资本主义社会中生产力的本质形态。
② 布罗代尔指出,许多历史学家试图将资本主义追溯于古代巴比伦、古希腊、古代中国、古罗马、欧洲中世纪和印度。但是所有这些用法,最后都被马克思的观念所取代。"马克思后的一种正统观念:在十八世纪末工业生产方式形成前,不可能存在资本主义"(《15至18世纪的物质文明、经济和资本主义》第2卷,三联书店,1993年,第243页)。布氏此语说明,虽然他认为,马克思并未给"资本主义"下过定义,但毫无疑问,最权威的观念却是马克思所提出来的。

本主义的一种形式;① 马克思曾提到，16 世纪就已经是资本主义时代。② 而另一个相关的语词，马克思和恩格斯所使用的"资产阶级革命"③ 往往指涉多种情形。但是，考虑到《资本论》这本最重要的著作以及马克思的绝大多数论述都指向工业资本主义，因此，将机器大生产作为资本主义这个社会形态的生产力基础是合适的。

第二，资本主义以私人资本雇佣劳动作为其基本的生产关系。这一点并不需要特别的证明，并且它已经包括了资本主义生产资料私有制这一要素，因此无须再特别强调所有制。这里值得注意的是，资本雇佣劳

---

① 见《资本论》中论协作和工场手工业的两章。

② 《马克思恩格斯全集》第 23 卷，人民出版社，1972 年，第 784 页。这里的"资本主义"更多偏重于经济制度，而不是社会形态，因此它事实上描述的是资产阶级为赢利而在全球奔波的情形。恩格斯也使用过"资本主义时代"一语，在《反杜林论》中，他说"在资本主义时代之前，至少在英国，存在过以劳动者私人占有自己的生产资料为基础的小生产"。（《马克思恩格斯全集》第 20 卷，人民出版社，1971 年，第 145 页）这里的"资本主义时代"应当主要指工业革命之后的资本主义。

③ 在马克思主义经典作家的注释中，"资产阶级革命"一语极其常见，但马克思主义创始人自己使用"资产阶级革命"这一用语的地方并不多。比如，马克思在致拉萨尔的信中曾提到"1688 年资产阶级革命"。（《马克思恩格斯全集》，第 30 卷，人民出版社，1974 年，第 602 页）而恩格斯在晚年则偶尔出现过。比如，1889 年 9 月 15 日，恩格斯在《致考茨基》的信中这样说道："我只是到现在才真正明白（过去看了泽特贝尔的著作，我不清楚，不明确），德国的金银开采（以及匈牙利的金银开采，它的贵金属是通过德国流入西方的）在多大程度上成为最后的推动力，使德国 1470—1530 年在经济方面处于欧洲的首位，从而使它成为以宗教形式（所谓宗教改革）出现的第一次资产阶级革命的中心。"（《马克思恩格斯全集》，第 37 卷，人民出版社，1971 年，第 267 页）1893 年 6 月 27 日《致保·拉法格》的信中，恩格斯这样说道："法国单独领导过资产阶级革命。"（《马克思恩格斯全集》第 39 卷，人民出版社，1974 年，第 87 页）此外还有"十六世纪德国资产阶级革命"。（《马克思恩格斯全集》第 39 卷，人民出版社，1974 年，第 97 页）这里所指涉的资产阶级革命，基本上都与工业革命不存在直接关联。一般而言，资产阶级作为资本主义的统治阶级，似乎必然与资本主义相关联。但资产阶级革命这一术语用指多种情形，其中多数与工业革命几乎不涉及，这是一个看似很奇怪的事情。这与其词根（bourgeois，与 capitalist 语源有别）有关，也与马克思主义对于封建社会解体后工业革命前一段社会的认知有关。

动包含着数个对社会经济结构具有决定意义的事实：

首先，资本决定了劳动时间内的劳动力使用。马克思有一段形象的描述："一离开这个简单流通领域或商品交换领域，——庸俗的自由贸易论者用来判断资本和雇佣劳动的社会的那些观点、概念和标准就是从这个领域得出的，——就会看到，我们的剧中人的面貌已经起了某些变化。原来的货币所有者成了资本家，昂首前行；劳动力所有者成了他的工人，尾随于后。一个笑容满面，雄心勃勃；一个战战兢兢，畏缩不前，像在市场上出卖了自己的皮一样，只有一个前途——让人家来鞣。"① 这里所讲的是，资本家根据劳资双方的契约，在规定的期限内控制了工人的行动权利。工人的劳动事实上是不自由的，因为他无法按照自己的需求和社会的需求来全面发展自己。

其次，资本控制了生产环节，决定了生产的方向。戴维·诺布尔深入探讨了数控机床研发的历史，指出，事实上存在一种可能更具有市场优势、对工人也更友好的技术发展道路，但因为资本的本性，决定了工人无法对技术发展道路产生决定性的影响，最终技术只能按照资本的要求去发展。②

最后，是资本家而不是生产者夺取了剩余价值。剩余价值由资本家所获取，这虽然在资本主义社会是一种常态，但并不是人类剩余价值归属的唯一可能。除了奴隶社会和封建社会的剩余价值归私人所有外，合作经济中剩余价值归合作社成员共同所有，而全民所有制经济中，剩余价值由社会全体人民所有。在后面这两种经济制度中，劳动者除了补偿其劳动的必要消耗外，还同时拥有了部分剩余价值。"使各种社会经济

---

① 《马克思恩格斯全集》第23卷，人民出版社，1972年，第200页。
② [美]戴维·诺布尔：《生产力：工业自动化的社会史》，李风华译，中国人民大学出版社，2007年。

形态例如奴隶社会和雇佣劳动的社会区别开来的，只是从直接生产者身上，劳动者身上，榨取这种剩余劳动的形式。"①

第三，资本主义实行市场经济，是以市场作为其基本的资源配置方式的社会。"商品生产和发达的商品流通，即贸易，是资本产生的历史前提。"② 不仅如此，它也是资本运行的内在条件。具体来说，市场的意义在于：首先，资本以货币的形式出现在市场上，这在历史上是如此，在每天新形成的资本中，也是如此。当然，有了货币形式的资本并不意味着资本主义，因为这种资本也可能只是满足于贸易或者金融。如果绝大多数的资本都以这种形式出现，那么，仍然无法形成资本主义生产方式。市场对于资本的另一个意义在于，资本在这里找到了劳动力，从而构成了资本雇佣劳动，资本控制生产这一资本主义生产方式的本质环节。"要从商品的使用上取得价值，我们的货币所有者就必须幸运地在流通领域内即在市场上发现这样一种商品，它的使用价值本身具有成为价值源泉的特殊属性，因此，它的实际使用本身就是劳动的物化，从而是价值的创造。货币所有者在市场上找到了这种特殊商品，这就是劳动能力或劳动力。"③ "只有当生产资料和生活资料的所有者在市场上找到出卖自己劳动力的自由工人的时候，资本才产生；而单是这一历史条件就包含着一部世界史。因此，资本一出现，就标志着社会生产过程的一个新时代。"④其次，市场的意义还在于，只有通过市场，资本才能实现它最初和最终的目的，即自身增殖和积累。

关于市场对于资本主义的意义，学者们通常不存在疑义。但需要反

---

① 《马克思恩格斯全集》第 23 卷，人民出版社，1972 年，第 244 页。
② 《马克思恩格斯全集》第 23 卷，人民出版社，1972 年，第 167 页。
③ 《马克思恩格斯全集》第 23 卷，人民出版社，1972 年，第 190 页。
④ 《马克思恩格斯全集》第 23 卷，人民出版社，1972 年，第 193 页。

对的一种错误看法是，将资本主义等同于市场经济。这种观点的错误在于：（1）忽略了生产力的基础。前面已经指出，资本主义必须以机器大生产作为自己的基础，否则，仅仅着眼于资源配置方式，显然很容易将前资本主义中的商品生产也划归为资本主义或资本主义萌芽。这样的话，资本主义就会被泛化。（2）市场经济与资本主义并非一物。不但前资本主义存在着市场，在资本主义的现实对立物——社会主义——中，也同样存在着市场。

（五）结语

资本主义的定义具有重大的理论意义与现实价值。许多论者试图给出一个可以放在任何语境下都成立的定义。笔者认为，这种努力与抱负恐怕是过分的。就像是辞典中对于词语的释义一样，我们不能强求一个词只有一种意义。在资本主义的定义问题上，一个比较现实的做法是，承认资本主义在不同语境中有不同的所指，然后区分出这些所指的不同含义。

基于社会形态层面的资本主义定义，我们可以合乎逻辑地对许多重要的社会形态问题给出判断，比如拒绝将资本主义理解成理性计算、单纯地追求利润等特征；主张资本主义社会中存在着市场经济，但市场经济并非资本主义所独有；历史地看，资产阶级革命后的成果并非资本主义社会，当然也不是封建社会，而是一种新的社会形态；[①] 社会主义与

[①] 近年来，已经有学者意识到这个问题的重要性。王国斌《转变的中国——历史变迁与欧洲经验的局限》（江苏人民出版社，1998年）指出，在中世纪的早期城市手工业生产与工业革命之间，存在着农村家庭手工业的阶段，这种从手工业行会控制下的城市生产向农村家庭手工业的转变，被视为突破封建主义控制的一个标志。在这一段农村工业时期，欧洲并未很明显地被"封建主义"或"资本主义"因素控制。李风华的《小生产社会：对马克思主义生产方式理论的补充》（《湖南师范大学社会科学学报》2011年第1期）讨论了这个问题。

资本主义的主要区别不在于资源配置方式，而在于所有制，等等。所有这些，都涉及政治经济和历史问题的基本核心。

第三节 共同事务委员会

最后，从大工业和世界市场建立的时候起，它在现代的代议制国家里夺得了独占的政治统治。现代的国家政权不过是管理整个资产阶级的共同事务的委员会罢了。

一、国家政权本质上是阶级统治的工具

马克思有关现代国家政权不过是资产阶级的共同事务委员会的说法，直接而准确地揭示了现代资产阶级国家政权的本质，也就是说，现代资产阶级国家政权是资产阶级统治的工具。

但是，我们必须看到，现实的政治现象是非常复杂的，有时甚至呈现出与本质并不一致的特点。比如美国特朗普竞选，就口口声声说代表工人阶级的利益，要实现制造业回流，他的说辞欺骗了不少工人阶级和普通民众。但其实他的目的是减税，向富豪让利，所以应当拨开现象去认识本质。马克思主义的国家观对于我们而言，是一个非常犀利的认识工具。

恩格斯在谈到国家本质时指出，资本主义国家的实质就是"资产阶级社会为了维持资本主义生产方式的共同的外部条件，使之不受工人和个别资本家的侵犯而建立的组织"。[①] 因而，资产阶级国家的重要职

---

① 《马克思恩格斯全集》第19卷，人民出版社，1963年，第240页。

能是维护资本主义生产方式和维持资产阶级的共同利益，为此有时还不惜侵犯或牺牲个别资本家的利益。这是资本主义国家阶级本质最集中的体现。

二、马克思主义有关国家与统治阶级关系的代表性观点

要全面准确地理解马克思主义的国家本质观念，除了《共产党宣言》中"共同事务的委员会"的说法之外，还应当了解经典作家和重要马克思主义理论家在这个问题上的其他论述。

恩格斯《家庭、私有制和国家的起源》这一经典论著中指出："国家是社会在一定发展阶段上的产物。国家是承认：这个社会陷入了不可解决的自我矛盾，分裂为不可调和的对立面而又无力摆脱这些对立面。为了使这些对立面，这些经济利益互相冲突的阶级，不致在无谓的斗争中把自己和社会消灭，就需要有一种表面上凌驾于社会之上的力量，这种力量应当缓和冲突，把冲突保持在'秩序'的范围以内。这种从社会中产生但又自居于社会之上并且同社会日益脱离的力量，就是国家。"①"所以，国家不是从来就有的，是经济发展到一定阶段而必然使社会分裂为阶级时，国家就由于这种分裂而成为必要了……随着阶级的消失，国家也不可避免地要消失。"②

列宁继承和发展了马克思、恩格斯的国家学说。他认为："国家是阶级矛盾不可调和的产物和表现。在阶级矛盾客观上不能调和的地方、时候和条件下，便产生国家。反过来说，国家的存在证明阶级矛盾不可调和。"③"国家是特殊的强力组织，是镇压某一阶级的暴力组织。无产

---

① 《马克思恩格斯全集》第21卷，人民出版社，1965年，第194页。
② 《马克思恩格斯全集》第21卷，人民出版社，1965年，第197页。
③ 《列宁全集》第31卷，人民出版社，1985年，第6页。

阶级要镇压的究竟是哪一个阶级呢？当然只是剥削阶级，即资产阶级。"①

资本主义国家不仅表现出一种强制力量，对无产阶级进行暴力统治，同时它还对社会进行管理和服务。正如马克思所说，即使国家的本质是阶级统治的工具，是一个阶级压迫另一个阶级的手段，但并不能说国家只有政治职能。相反，国家的政治职能是以社会管理职能为前提和基础的，国家的专政职能不能脱离社会职能而存在。因此，资本主义国家政权必须"管理整个资产阶级的共同事务"②。

除了上述经典作家之外，一些当代国外马克思主义理论家的观点也值得我们重视，比如希腊马克思主义者波朗查斯认为，资本主义国家是资本主义生产方式中的一种结构，它通常不维护特定阶级的特殊利益，也不与特定阶级结盟。相反，国家支持和保护资产阶级统治所必需的制度和社会关系。资本主义国家的职能都是由"结构的关系制约"。因此，国家与阶级的关系并不直接表现为国家与特殊阶级集团的特殊利益关系，而主要通过国家与生产方式的关系加以体现。英国马克思主义者米利班特吸纳波朗查斯的观点，在解释为什么国家应被看作是统治阶级的工具时指出，国家是一个结构性的、客观的、非人格性的东西，"国家是附着在资本主义生产方式上面的，它不可能是任何别的东西。国家的性质是由资本主义生产方式的性质和要求决定的"。③

---

① 《列宁全集》第31卷，人民出版社，1985年，第23页。
② 《马克思恩格斯文集》第2卷，人民出版社，2009年，第33页。
③ [希腊]尼科斯·波朗查斯：《政治权力与社会阶级》，叶林、王宏周、马清文译，中国社会科学出版社，1982年。

第四节　资产阶级对社会关系的巨大变革

　　资产阶级在它已经取得了统治的地方把一切封建的、宗法的和田园诗般的关系都破坏了。它无情地斩断了把人们束缚于天然尊长的形形色色的封建羁绊，它使人和人之间除了赤裸裸的利害关系，除了冷酷无情的"现金交易"，就再也没有任何别的联系了。它把宗教虔诚、骑士热忱、小市民伤感这些情感的神圣发作，淹没在利己主义打算的冰水之中。它把人的尊严变成了交换价值，用一种没有良心的贸易自由代替了无数特许的和自力挣得的自由。总而言之，它用公开的、无耻的、直接的、露骨的剥削代替了由宗教幻想和政治幻想掩盖着的剥削。

　　资产阶级抹去了一切向来受人尊崇和令人敬畏的职业的神圣光环。它把医生、律师、教士、诗人和学者变成了它出钱招雇的雇佣劳动者。

　　资产阶级撕下了罩在家庭关系上的温情脉脉的面纱，把这种关系变成了纯粹的金钱关系。

一、西欧近代的社会关系变革

　　社会关系是人们在共同的物质和精神活动过程中所结成的相互关系的总称，即人与人之间的一切关系。从关系的双方来讲，社会关系包括个人之间的关系、个人与群体之间的关系、个人与国家之间的关系；一般还包括群体与群体之间的关系、群体与国家之间的关系。这里群体的范畴，小到民间组织，大到国家政党。社会关系的涉及面众多，主要的关系有经济关系、政治关系、法律关系。经济关系即生产关系。此外，宗教、军事等也是社会关系体现的重要领域。

中世纪对欧洲进程产生重要影响的是教会，教会具有至高无上的权威并凌驾于诸国王之上，宗教权威由教会所把握，知识教育由教会所垄断，这一阶段，神学是比较兴盛的。教会主张人们把希望寄托于来世，大力鼓吹禁欲主义并制定了严格的封建等级制度。在这样的社会环境下，社会关系围绕宗教展开。教会极力束缚大众思想（伽利略的日心说一直不被承认），社会关系较为单一，社会氛围比较低沉。所以这一时期，西欧的经济社会发展总体上是不如中国的，比如中国有火药、指南针、印刷术这样的伟大发明，而西欧没有。

1517年马丁·路德拉开了宗教改革的序幕，这是资产阶级逐步成长壮大的必然结果，同时又推动了西欧资本主义的发展。资产阶级逐步成长壮大，他们主张个人自由和个人欲望，坚持人性至上，提倡追求财富和科学求知，这使得教会权威下降，宗教力量受到打击，还助推了民族国家的形成，之后通过资产阶级革命完成了权力中心的三个转移：教会—国王—资产阶级，这样的思想解放和社会关系变革是很显著的。

同时，资产阶级对社会关系的巨大变革也体现在其他方面，例如人们逐渐从信仰至上转变为金钱至上，为了追求财富不择手段，诸如教师和医生的神圣性大打折扣，在某种程度上成为富人们获得教育和医疗的专属工具。

二、中国近代的社会关系变革

中国的资本主义萌芽自明朝中后期开始出现，封建社会后期一直在缓慢发展中。清末，西方资本主义国家对中国发动战争，打开了中国的大门，中国的自然经济开始瓦解，资本主义经济得到了一定的发展。

1911年，辛亥革命发生，瓦解了中国的封建帝制，资本主义经济获得更大发展空间。

资本主义的发展，打破了原来自给自足的自然经济形式的生产方式，个体之间开始出现雇佣关系，金钱至上思想开始渗透到社会关系之中。在中国传统社会，皇帝操纵一切，凌驾于一切之上，其意志被视为国家政治和法律制度的体现。皇权之下，不存在独立自由的个体。辛亥革命推翻了历代相沿的皇朝体制，建立了共和制度，实现了数千年来中国社会的一次重大变革。

建立共和制度以后，中国的资本主义经济获得了较大的发展。部分原来从事农业、手工业生产的农民进入工厂为早期的资本家工作，这时他们与资本家之间的关系就变成了一种雇佣关系。资本家为了攫取更大的利润，用各种方法来压榨工人，金钱至上思想开始渗透到人与人之间的社会关系中。

除了政治生活，社会生活也发生了重大的变化。以婚姻关系为例，在旧式婚姻中，听从"父母之命，媒妁之言"是男女双方组成婚姻关系的主要途径。辛亥革命后，特别是五四运动之后，婚姻、家庭观念发生了翻天覆地的变化。传统的男尊女卑观念变成了提倡男女平等。妇女解放运动开始兴起，妇女的地位得到提高，家庭关系发生变化，封建大家庭开始衰落。

第五节 资产阶级的生存

资产阶级除非对生产工具,从而对生产关系,从而对全部社会关系不断地进行革命,否则就不能生存下去。反之,原封不动地保持旧的生产方式,却是过去的一切工业阶级生存的首要条件。生产的不断变革,一切社会状况不停的动荡,永远的不安定和变动,这就是资产阶级时代不同于过去一切时代的地方。一切固定的僵化的关系以及与之相适应的素被尊崇的观念和见解都被消除了,一切新形成的关系等不到固定下来就陈旧了。一切等级的和固定的东西都烟消云散了,一切神圣的东西都被亵渎了。人们终于不得不用冷静的眼光来看他们的生活地位、他们的相互关系。

一、资产阶级的变革性

有的人认为,资产阶级是最具有革命性的阶级,其依据就是《共产党宣言》这一段话。这是对于《共产党宣言》的误解。

应当说,马克思对于资产阶级在历史上所起到的作用给予了充分的肯定,对资产阶级改变封建生产关系的革命性也给予了毫不吝惜的赞扬。但是,不能把这一段话视为资产阶级的革命性的表述,其本质上所表达的是,生产力具有革命性作用,而如果资产阶级不进行生产关系的变革,那么,也会被历史所颠覆。

资产阶级的统治与社会关系变革不是一种本质性的联系。本质联系是事物内部比较稳定深刻的必然联系,与"非本质联系"相对。本质联系是事物内在的、必然的、规律性的、稳定的联系,它对事物的性质及其发展方向起着主要的决定作用。资产阶级的统治会引起社会关系的变革。例如中国辛亥革命后,资产阶级取得了统治地位,中国社会的阶级关系、家庭关系等都发生了很大变化。

马克思此语其实表达了一种观点,即我们不能想象一种生产力停滞,生产关系非常稳固的长期的资产阶级统治现象。马克思主义认为物质世界是普遍联系和运动变化的,不同的事物之间,同一事物内部各要素之间,都处在相互联系和相互作用之中,这种相互联系和相互作用导致物质世界始终处于不停的运动与变化状态,新事物便在这种不断运动变化中逐渐诞生,而新事物战胜和代替旧事物是客观世界普遍的不可抗拒的规律。在生产力的变化过程中,虽然有时会出现后退,但总体是向前发展的,生产力不可能长期处于停滞不前的状态。生产力的发展,要求改变现有的生产关系,加之教育的普及,工人阶级意识开始觉醒,要求推翻资产阶级的统治。

同时,资产阶级为取得稳固的统治,就必然会不断进行生产,不断扩大生产规模,出现生产集中等现象。资本家欲望的不断扩大要求改进生产技术和生产工具,生产力将会进一步向前发展,这是资本主义不断发展壮大的必然趋势。再者,资本家为了扩张自己的生产规模,保持自身的利润,在政治上也要求保持集中。他们颁布各种法令,用各种法律手段来使他们的生产方式合法化,工人阶级的剩余价值被榨取得更加严重,生活状况更加困难,因此反抗也会更加激烈,从而引起生产关系的动荡。

二、中国的资产阶级民主革命

要理解这一句,还要看到,马克思的资产阶级革命并不一定等于资产阶级所领导的革命，因为资产阶级革命也可能是由无产阶级领导，从而推动社会关系的根本变革。在这方面，中国的新民主主义革命就是一个典型的资产阶级革命。

中华人民共和国的成立标志着中国的资产阶级民主革命的胜利，它引发了社会关系的根本变革。在生产关系上，新中国成立前，中国社会实行封建土地所有制，贫苦农民没有自己的土地，受封建地主压迫。新中国成立后，进行了土地改革，把封建土地所有制变为农民土地所有制。这次改革重塑了各阶层之间的基本关系，重建了新的社会结构和社会联系。土地改革解决了农民生产的主要条件，即把土地和一部分生产资料分配给农民。农民生活有了一定保障，不再受封建地主阶级的压迫，有了自主生产的权利，生产积极性大大提高，与封建地主的附庸关系也随之瓦解。

在家庭关系上，新中国成立之后的土地改革和合作化运动都极大地冲击了宗法制度。家族所拥有的土地被收归集体所有，宗族祠堂等建筑物被没收或者毁掉，族规和族约已失去权威和约束力。阶级关系取代血缘、地缘关系，成为确定乡村社会新型秩序的根本标准，乡村中原有的亲友、邻里和身份地位等关系直接或间接地受制于阶级关系，社会关系"一元化"取向越来越清晰。

在城乡关系上，从鸦片战争到新中国成立之时，我国的生产力缓慢发展，城乡分化严重。城市拥有经济上和政治上的统治地位，对农村的剥削程度进一步加深，城乡关系尖锐对立。新中国成立后，首先，不论是城市市民还是农村居民都拥有了受法律保护的权利和义务，实现了政治上的平等。其次，城乡居民的生活水平相较之前也有了较大的提高。1949年到1952年之间，党在农村实行土地改革和互助合作运动，激发了农民的生产积极性，农民购买力也有较大提升。城市居民的生活水平也得到了显著改善，不仅就业人数增加，而且相应的职工管理制度也更趋合理。城市和农村之间因为有一个相对和平稳定的社会环境，经济联系也得到了加强，城乡关系得到缓和。

第六节　资产阶级与全球化

资产阶级，由于开拓了世界市场，使一切国家的生产和消费都成为世界性的了。使反动派大为惋惜的是，资产阶级挖掉了工业脚下的民族基础。古老的民族工业被消灭了，并且每天都还在被消灭。它们被新的工业排挤掉了，新的工业的建立已经成为一切文明民族的生命攸关的问题。这些工业所加工的，已经不是本地的原料，而是来自极其遥远的地区的原料。它们的产品不仅供本国消费，而且同时供世界各地消费。旧的、靠本国产品来满足的需要，被新的、要靠极其遥远的国家如地带的产品来满足的需要所代替了。过去那种地方的和民族的自给自足和闭关自守状态，被各民族的各方面的互相往来和各方面的互相依赖所代替了。物质的生产是如此，精神的生产也是如此。各民族的精神产品成了公共的财产。民族的片面性和局限性日益成为不可能，于是由许多种民族的和地方的文学形成了一种世界的文学。

一、一个全球化事例

经济全球化进程的加快，推动了文化全球化的进程，各民族文化的融合既是经济全球化的结果又是保持经济全球化顺利推进的重要条件。经济全球化的推进，必然会对各民族文化的相互融合产生推动作用。在世界范围内的经济交往中，人们将逐渐适应不同文化的碰撞。人类文化在漫长的发展过程中，逐渐形成了以欧洲为中心的格局。资本主义凭借其发达的生产力与技术条件，在全球范围内不仅进行经济上的扩张，还妄图把他们的文化蔓延到其他国家。

我们用一个小的事例来说明全球化：英语的全球化。19世纪，英国在世界范围内扩张，成为"日不落帝国"，英语从此走向世界，变成国际语言；进入20世纪之后，美国取代英国，成为世界范围内的超级大国，英语作为国际通用语言的地位得到进一步的巩固。如今，在国际经济交往中，英语已成为经济合同、国际间协议等文本所采用的第一语言。在计算机操作和国际互联网上，英语也是传递信息最通用的语言。虽然以英语为母语的国家仅10多个，但世界上已有70多个国家给予了它以官方地位，并且已有中国、俄罗斯、德国、日本等国在内的100多个国家将它作为第一外语进行教学。英语的普遍官方地位、学习使用人口的众多以及分布上的世界性已使得它成为了一门全球通用语。除此之外，英语已经并正在以各种方式渗透到其他语言，有的民族语言甚至还呈现出英语化趋势。一方面，在一些民族语言中来自英语的词语越来越多，例如汉语中的"脱口秀"（Talk Show）、"马拉松"（Marathon）等词；另一方面，英语的表达方式也在潜移默化地影响着其他民族语言。正如王力在20世纪30年代指出的那样："（汉语）语法的欧化（主要表现为英语化）的趋势是极自然的，正如生活的欧化一样。一切反对的力量都遏不住这一个潮流。"[①] 例如，对于"你明天一定要来，如果可能的话"这样的"欧化"复句，人们都已习以为常。

世界的语言格局是随着世界各国政治、经济、军事、文化的变化而

---

① 王力：《王力文集》第一卷，山东教育出版社，1984年。

变化的。之所以是"英语全球化"而不是其他民族语言的"全球化",自然与英美等资本主义国家在世界范围内的强势地位有必然的联系。英语的全球化是文化全球化的一个分支,既有历史和社会的原因,更是现实经济、文化生活的需要。

二、全球化下的不平等

经济全球化是当今世界经济和科技发展的产物,是一把"双刃剑"。一方面它为世界各国的经济发展带来新的动力和机会,随着世界市场不断扩大,各国的生产要素也得到了优化配置和合理利用。世界各国在这个环境下能够利用自身的优势进行生产,从而提高经济效率,实现规模效益。另一方面,经济全球化还促进了产业结构的调整和转移,加速了资本、技术等生产要素的全球流动,解决了部分国家生产要素不足的问题,使他们积极参与国际市场竞争,改进管理,提高自身产品的国际竞争力。总之,经济全球化促进了世界经济的整体繁荣和各国经济的发展。

但由于经济全球化是在不公平、不合理的国际经济旧秩序没有根本改变的条件下形成和发展起来的,因此,在这个全球化过程中,占主导和优势地位的仍然是西方发达资本主义国家,"生产和消费的世界性"背后蕴含的是对发展中国家经济安全的挑战。具体而言,它表现在如下几个大的方面:

第一,经济落后国家在国际分工体系中的不利地位。在目前的国际分工体系中,发达国家凭借资金和技术的优势主要从事资金密集型和技术密集型产业产品的生产,如机械、电子等制造业的高端产品;而发展中国家由于劳动力充足和成本的低廉,优势主要集中在劳动密集型产业上，因此主要从事劳动密集型产品、资源类初级产品的生产，这些都属于制造业的低端产品。而劳动力要素只有与技术和资金等生产要素相结合才能发挥它自身的价值，因此发展中国家不得不制定各种优惠政策来吸引发达国家的投资，发达国家在生产上掌握着更大的主动权。不仅如此，在利益回报方面，资金与技术获得的报酬无疑远远大于劳动力要素的回报。再加上发达国家为了获得更大利益，不断压低国际市场中的初级产品价格；发展中国家之间为了争取更有利的经济发展条件，相互之间的竞争也不断加剧；以环境污染和资源大量消耗为代价的发展中国家经济发展战略，等等，都对发展中国家未来的发展之路形成挑战。

第二，经济危机对金融和经济秩序的冲击。经济全球化背景下的金融全球化在推动发展中国家经济增长的同时，带来了不容忽视的金融风险和经济冲击。在经济全球化构成的世界经济链条之中，其中如果有一个环节出了问题，带来的影响将是全方位的，这就是国内经济问题国际化、国际经济问题国内化。随着贸易、金融、投资等各种交易方式的全球化，局部的、某一国的危机，很快就会蔓延到全球，从而成为一场世界性的经济危机。而这种世界性经济危机的发生对发展中国家的影响更为明显。因为这些国家的市场狭小且资源有限，对外部经济依赖程度更大。例如，2007年由美国次贷危机引发了全球金融危机。这次危机首先导致美国经济全面衰退，然后很快袭击了韩国、新加坡、日本等国家和地区，打破了亚洲经济的繁荣景象，各国政府不得不纷纷出台经济刺激计划，以对抗经济危机。

第三，全球化对国家主权的冲击和削弱。经济全球化给发展中国家带来的最大问题可以说就是国家主权安全的问题。首先，由于经济全球化，各国在世界市场进行贸易活动时就必须遵守国际经济秩序，接受国际经济组织的制度安排。但这种经济秩序和规则很大程度上是由发达国家制定的,他们对发展中国家的利益考虑得很少或者根本不考虑,发展中国家只能被动地接受这些经济规则,让渡部分国家经济主权。其次,为了适应经济全球化,许多专门性国际经济组织和区域经济一体化组织开始介入各国的经济事务之中,对他们的经济主权进行约束。对于市场经济发展还不够完善、资金,技术实力不够强大的发展中国家来说,经济主权的部分受限为他们自身的经济安全带来了更多不确定因素。

三、资本主义发展不平衡:基于机制的解释①

指出资本主义发展不平衡是列宁对马克思主义的重大贡献。理论上,它构成了列宁帝国主义理论的前提与组成部分;实践上,它为无产阶级革命和一国建成社会主义给出了指导思想。自列宁提出这一理论后,近百年过去了,在资本主义全球化日益扩大的今天,全球两极分化不但没有弱化,反而日趋扩大,说明资本主义发展不平衡规律仍在发挥其基础性和根本性的作用,仍然值得重视与研究。不仅如此,我们有理由认为,这一理论还可以为更多世界性的政治社会现象提供一种基本解释,这些现象包括农民问题、民族主义、福利国家、发展中国家动荡,等等。

从理论形态上看,虽然列宁的论述已经概括出这一规律的基本含义、表现以及后果这些最基本、最重要的内容,但是还有许多内在的逻辑细节有待充实,这些细节主要指资本主义发展不平衡的内在机制。尽管列宁曾提及资本主义发展不平衡的某些因素,但他当时没有时间也没有条件对此做深入和细致的研究。本文则拟从这个角度出发,对资本主义发展不平衡的内在机制做出探讨。

---

① 原文发表在《政治经济学评论》2013年第3期。

(一) 列宁理论及其与当代资本主义的对比

在《论欧洲联邦口号》中，列宁第一次指出，"经济政治发展的不平衡是资本主义的绝对规律"。① 在另一个地方，列宁指出："资本主义的发展在各个国家是极不平衡的。而且在商品生产的条件下也只能是这样"。② 从列宁的论述来看，资本主义发展不平衡指的是各国在资本主义发展程度上的不平衡，它包含如下几个方面的内容：

第一，所谓资本主义不平衡，主要指经济发展的不平衡，更确切地说，指以现代工业为代表的生产力发展的不平衡。资本主义是一种社会形态，它是生产力、生产关系和政治等各个方面的综合。虽然资本主义不平衡也可以解释生产关系等方面，但从列宁的论述来看，其基本的原因指经济发展不平衡，尤其是现代工业发展不平衡。因为列宁所着重关注的问题是国家"实力"，它们是帝国主义战争的基本因素。"瓜分只能'按实力'进行。而实力是随着经济发展的进程而变化的。"③ 国家实力必须追因到现代工业的发展程度，实现工业化的国家是发达国家，那些现代工业不发达的国家则被称为落后国家。这里，现代工业不发达，主要指涉的就是"资本主义"不发达。所以，列宁也曾认为，俄国的不发达，主要是因为"资本主义"发展得不够。

第二，资本主义发展不平衡虽然也涉及每个国家内部的不平衡，但它主要指涉各国在工业发展方面的不平衡。一个国家内部的不平衡是各国资本主义发展不平衡的根本原因，在《帝国主义论》中，列宁强调指出，"在资本主义制度下，各个企业、各个工业部门和各个国家的发

---

① 《列宁全集》第2版，第26卷，人民出版社，1988年，第367页。
② 《列宁全集》第2版，第23卷，人民出版社，1990年，第75页。
③ 《列宁全集》第2版，第26卷，人民出版社，1988年，第366页。

展必然是不平衡的，跳跃式的"。① 根据《帝国主义论》先论述一国内部后讨论世界范围的顺序，可以确认，由于资本主义在一国内部就存在着发展不平衡的原因，由此决定各国之间的资本主义发展不平衡。但是，尽管一国内部存在着资本主义发展的不平衡，但资本主义不平衡这一概念本身主要指各国之间的发展不平衡。所以列宁在解释不平衡表现的时候，往往用各国之间的实力对比来予以阐述。

第三，列宁提出资本主义发展不平衡理论的目的，是要证明资本主义国家之间必然发生战争，从而为社会主义可以在落后国家首先取得胜利提供理论依据。列宁提出这一判断首先针对的便是欧洲联邦口号。1915年的《论欧洲联邦口号》认为，"经济和政治发展的不平衡是资本主义的绝对规律。由此就应得出结论：社会主义可能首先在少数甚至在单独一个资本主义国家内获得胜利"。② 在这里，列宁尚未得出社会主义革命将首先在资本主义统治的薄弱环节突破的结论，因此，社会主义也可能率先在发达资本主义国家中取得胜利。但到了后来，列宁敏锐地注意到，在资本主义发达国家，由于垄断资产阶级对工人的收买，无产阶级革命实现的可能性远远低于落后国家，因此他主张，无产阶级革命可在资本主义统治的薄弱环节——落后国家——最先实现。

列宁的洞见为十月革命奠定了理论基石，而且直到今天，其理论仍然能够正确地描述当代资本主义的基本现实。但也要看到，列宁的论述总体上是针对19世纪末和20世纪初资本主义发展的状况而作出的，尚无法看到此后的资本主义发展的态势。如果我们将列宁去世以后资本主义世界体系的发展状况与列宁的论述相比较，可以发现列宁理论的侧重

---

① 《列宁全集》第2版，第27卷，人民出版社，1990年，第376页。
② 《列宁全集》第2版，第26卷，人民出版社，1988年，第367页。

点与今天资本主义发展不平衡的焦点存在一定程度的不一致：首先，尽管在列宁的论述中，既有资本主义国家之间的不平衡，也有资本主义国家与落后国家之间的不平衡，但更侧重于资本主义发达国家之间的实力对比，它表现为霸主权力的转移。毫无疑问，实力对比和霸权转移是资本主义世界体系中的一个重要问题，但从当代资本主义的状况来看，资本主义发展不平衡还有更深层面的结构性特征，那就是资本主义发达国家与不发达国家之间的结构性不平等要比资本主义发达国家之间的问题更为基本，而且这种不平衡还具有强烈的地域特征。其次，列宁的结论强调帝国主义国家之间的战争，但二战以后，帝国主义国家之间发生战争的可能性大大减少，而帝国主义国家对不发达国家的总体支配却成为更为基本的问题。最后，列宁最初指望发达国家率先实现无产阶级革命，虽然后来也曾提到无产阶级革命可能率先在落后国家实现，但列宁是以"可能性"来讨论落后国家无产阶级革命的。而十月革命、中国革命和其他落后国家普遍爆发革命的情况证明，落后国家爆发革命不仅仅只是一种可能性，而是具有必然性的本质特征。

总之，列宁有关资本主义发展不平衡的论述仍然成立，但列宁的关注重心却非当代资本主义世界体系的焦点问题。当代资本主义发达国家发展仍然不平衡，但这对于整个资本主义世界体系影响不大；资本主义国家之间虽然也发生战争，但不发达国家的民族独立战争以及革命更具有结构必然性。

（二）列宁的提示与机制解释

从理论形式来看，对于资本主义发展不平衡规律，列宁总体上局限于描述，并未给出完整的理论证明，其所证明这一规律存在的主要方法是事实举例。比如，在《论欧洲联邦口号》中，列宁指出"1871年以后，德国实力的增强要比英法快两三倍；日本要比俄国快十来倍"。① 在《俄国社会民主工党中央委员会向社会党第二次代表会议提出的提案》中，列宁指出："这些大国最近几十年来不但发展得异常迅速，而且特别重要的是，发展得极不平衡。"② 在《帝国主义论》中，列宁用一些具体工业发展的不平衡现实来说明这一理论。"铁路网的分布，这种分布的不平衡，铁路网发展的不平衡，是全世界现代资本主义即垄断资本主义造成的结果。"③ 此外，他还用英国成为"世界工厂"的企图破灭这一事实作为例证。④ 以上这些都是一些现实例证的归纳证明，而不是内在要素的解释。

不过，这并不意味着列宁没有理论，事实上他仍然提示了几种可能的理论解释要素：第一，生产资料私有制。"战争同私有制的基础并不矛盾，而是这些基础的直接的和必然的发展。在资本主义制度下，各个经济部门和各个国家在经济上是不可能平衡发展的。"⑤ 这里，列宁强调了资本主义制度中的私有制因素，认为这一因素与垄断因素相结合，使得战争不可避免。而生产资料的资本主义私有制当然与不平衡相关。

第二，资本主义垄断因素。在有关帝国主义的论述中，列宁对帝国主义时代的垄断与资本主义发展不平衡都同时给予了强调。但列宁并未在两者之间建立一个对应的逻辑关系，因为列宁显然认为，资本主义可以分为自由竞争资本主义与垄断资本主义，而资本主义发展不平衡却是贯穿整个资本主义的。因此，垄断并不是资本主义发展不平衡的原因，但是垄断却促使资本主义发展不平衡更为加剧。

---

① 《列宁全集》第 2 版，第 26 卷，人民出版社，1988 年，第 366 页。
② 《列宁全集》第 2 版，第 27 卷，人民出版社，1990 年，第 297 页。
③ 《列宁全集》第 2 版，第 27 卷，人民出版社，1990 年，第 326 页。
④ 《列宁全集》第 2 版，第 27 卷，人民出版社，1990 年，第 376 页。
⑤ 《列宁全集》第 2 版，第 26 卷，人民出版社，1988 年，第 366 页。

垄断，寡头统治，统治趋向代替了自由趋向，极少数最富强的国家剥削愈来愈多的弱小国家——这一切产生了帝国主义的这样一些特点，……整个说来，资本主义的发展比从前要快得多，但是这种发展不仅一般地更不平衡了……①

此外，针对有人对落后国家最先实现无产阶级革命的质疑，列宁还用历史哲学意义上的发展不平衡来辩护：

任何一个马克思主义者，甚至任何一个懂得现代科学的人，如果有人问他"各个不同的资本主义国家平衡地或谐和均匀地过渡到无产阶级专政是否可能"，他的回答一定是否定的。在资本主义世界中从来没有而且不会有什么平衡，什么谐和，什么均匀。在每个国家的发展中，都是有时是资本主义和工人运动的这一方面、这一特征或这一类特点特别突出，有时是另一方面、另一特征或另一类特点特别突出。发展过程从来都是不平衡的。②

列宁所提示的理论解释要素并非一种完整的理论证明，它们在列宁有关资本主义发展不平衡理论中仅仅属于一些零散的解释因素。一般意义上的发展不平衡并不能直接说明资本主义发展不平衡，因为从理论形成的角度来看，一般规律只是各种具体情况或特殊规律的归纳。它本身有待具体情况或特殊规律来解释，而不能构成具体情况或者规律的形成

---

① 《列宁全集》第2版，第27卷，人民出版社，1990年，第435—436页。
② 《列宁全集》第2版，第36卷，人民出版社，1985年，第292页。

要素。生产资料私有制与垄断虽然可以构成资本主义发展不平衡的解释要素,但仅仅是这些因素仍然无法说明,为什么资本主义发展不平衡会以一种地域的形式出现。总之,列宁所提示的几种解释因素虽然具有重要的启示价值,但它们在列宁的理论中尚未融合成一种完整的机制解释逻辑。所谓机制解释,指的是对各种因素作用关系的一种分析,它不等于一般化的理论论断,也不满足于经验事实与数据的堆砌,而是有机地将它们结合在一起,构成一种彼此密切啮合的解释模式。乔恩·埃尔斯特认为,"社会科学解释的对象应当是(局部的)机制,而不是(一般的)理论"。① 这一论述有嫌武断,但也从一个侧面说明了机制解释的重要性。

我们试图对列宁的资本主义发展不平衡理论给出一种机制上的解释。这种机制解释包含了三个彼此独立而又相关的因素:(1)历史起点上,资本主义大工业起源于单个地域造成了最初的不平等,并令资本主义发展不平衡呈现出显著的地域因素;(2)在生产关系方面,市场限制使得机器大生产在挤压小生产的同时,又使得机器大生产无法同时均匀扩展至全球;(3)在上层建筑方面,民族国家作为一个集体的共同利益实现机构,使得一个国家范围之内的资产阶级与无产阶级结合成某种程度上的利益统一体,共同构成对其他国家的压迫,从而成为资本主义发展不平衡的重要维持因素。在接下来的几节中,我们分别来考察这几个层面的因素。

(三)工业化的历史起点与资本主义发展不平衡

当代资本主义发展不平衡的主要矛盾是资本主义发达国家与不发达

---

① 转引自 Oliver E. Williamson, *The Mechanisms of Governance*, New York and Oxford: Oxford University Press, 1996, p. 5。

国家之间的差距，这种差距的基本表现是全球两极分化。尽管一个国家的收入高低的形成，有诸多具体的历史因素，但撇开少数依赖资源的因素，资本主义发展不平衡的根本因素在于生产力的差异。资本主义发达国家大抵属于工业化已经完成的国家，而不发达国家大抵是工业化尚未完成或者工业基础极其薄弱的国家。这种基本对立提示我们，资本主义发展不平衡最根本的原因在于生产力层面的差距与对比。实现工业化的国家与地区由于机器大生产具有生产率上的优势，决定了发达国家在财富创造能力上大大超出不发达国家。

机器大生产相对于小生产的优势是一目了然的。但是，这种优势转化为资本主义发展不平衡上的地域差距，却并非顺理成章。因为，我们完全有可能设想这样一种逻辑上可能存在的反事实情况：假定机器大生产与小生产的这种对立在全球均匀分布，如此，尽管一国内部存在着发展的不平衡，但从全球层面来看，这种对立却并未造成地域上的不平衡。这样，我们有必要向自己提出一个问题：资本主义的本质是阶级上的对立和社会内部的贫富分化，为什么这种阶级对立与社会内部的贫富分化会演化成地域上的差异与民族之间的对立呢？显然，直接的解释就是与资本主义起源的历史有关。

第一，资本主义最先仅仅产生在某一个地域，而不是在全球各地同时产生。

初看上去，这一地域性特征似乎无关于资本主义的本质，资本主义究竟最先产生在西欧还是亚洲对于资本主义本质来说是一种偶然，它应当不影响我们对于资本主义发展不平衡的解释。但这种忽视历史而追求纯粹意义上的"资本主义"的理论解释的自洽是一种幻觉，将误导我们对于资本主义发展不平衡的理解。因为先行工业化的资本主义国家将获得更多的先发优势，它可以通过学习和保持市场结构中的优势来积累更多的资本与技术，从而维护其优势。这一学习与积累过程对于资本主义不平衡维持起着重要的作用，它造成了"恒者恒强，弱者恒弱"的马太效应。相对于这些资本主义发达国家的先发优势，虽然也存在着另外一种相反的作用——后发优势，但这种后发优势仅仅在少数正处于追赶过程中的国家中比较突出，而对于更多的国家和地区来说，后发优势并不能起作用。总之，资本主义不能——或者退一步说，没有——在全世界自发同时产出这一事实本身，构成了资本主义发展不平衡这一重要的历史起点，并为后来这一趋势的维持奠定了基本格局。

第二，资本主义存在着一个扩展的过程，过程因素决定了资本主义发展不平衡的不可避免。

资本主义的历史进程并不仅仅是一个从棉纺织业向其他工业扩展的过程，而且也是一个从英格兰逐步向世界其他地域扩展的过程。理论上，如仅仅考虑工业化过程中资本转移的因素，我们不妨设想，工业化可以在全球扩展并达至平衡。但是，即使是这一纯粹理论上的扩展也需要一段时间，在这段时间内，那些率先实现工业化的国家与正处于工业化过程之中和尚未启动工业化过程的国家之间就形成了生产率的差异，这种生产率的差异就表现为资本主义在地域发展上的不平衡。许多经济学模型并不考虑时间——或者说历史——因素，但在资本主义发展不平衡问题上，时间因素构成一个重要的变量。由于资本主义工业化扩散的进程放慢以及资本有机构成的持续提高，一些后发国家的工业化梦想被一再推迟。直到工业化启动已经数百年的今天，我们仍然难以预计一些落后国家启动工业化的时间表。

第三，资本主义扩散的地域选择直观地体现出资本主义扩散过程的趋势，并影响了资本主义发展不平衡的地域表现。

资本主义最开始在英格兰产生，接着在法德等西欧国家——地域上最接近英格兰的地区——扩散，此后，资本主义一方面往东欧、俄罗斯扩散，另一方面则向西扩散至北美。接下来，继续向日本、拉丁美洲等剩余地区扩散。在这张资本主义的扩张图中，一个明显的特征就是资本主义由近及远扩散。为什么会出现这样的情况？这里存在着诸多的解释，以马克斯·韦伯为代表的部分学者往往从文化中寻找原因。笔者倾向于认为，文化因素虽然重要，但资本主义扩散涉及不同的文化，那么资本主义的扩散成本应当是更为重要的因素。显然，产业转移的一个重要因素就是转移的成本，地域的接近使得资本主义工业更容易以由近及远、先海上后内陆的方式转移。

（四）市场限制与资本主义发展不平衡

机器大生产与小生产的对立是资本主义发展不平衡的内在本质，而资本主义起源于某个特定的地域又决定了资本主义在全球范围扩散过程中的不平衡。如果仅仅有这两个因素起作用，那么，我们有理由指望，尽管资本主义的历史起点决定了资本主义发展过程中的不平衡，但资本主义在全球扩散的过程，就是逐渐向平衡靠拢的过程。当资本主义在全球取得了统治地位后，那么，资本主义发展不平衡就会消失，全世界将在地域上实现发展平衡。剩下的就仅仅像马克思所设想的那样，资本主义在全球实现了平均利润，全球资本家联合起来，而全球工人的利益也均质化，整个资本主义世界体系被分裂为资产阶级和工人阶级两大阶级，不再有地域上的差异。自工业革命至今，资本主义已经有两百多年的历史，虽然资本主义世界体系已经扩散至全球，但是前述设想中的资本主义工业全球均匀发展却未实现，不仅如此，全球两极分化还愈演愈烈。历史起点的差异仅仅说明在资本主义发展的历史过程中，先实现工业化的国家与后实现工业化的国家之间存在差距，但不足以说明这种差距的扩大。由此可以看出，导致资本主义发展不平衡还有更重要的因素。笔者认为，这最基本的因素就是市场限制。

市场规模对于资本主义有着重要的意义。因为资本主义大工业产生的重要条件之一就是世界市场的存在，亦即一个相对庞大的市场需求的存在。马克思和恩格斯指出：

> 在17世纪，商业和工场手工业不可阻挡地集中于一个国家——英国。这种集中逐渐地给这个国家创造了相对的世界市场，因而也造成了对它的工场手工业产品的需求，这种需求是旧的工业生产力所不能满足的。这种超过了生产力的需求正是引起中世纪以来私有制发展的第三个时期的动力，它产生了大工业——利用自然力来为工业服务，采用机器生产以及实行最广泛的分工。①

世界市场的存在使工业革命得以产生，但是这一世界市场并非没有边际，相对于机器大工业扩散的内在需求来说，它仍然是有限的。这里的市场限制指的是全球市场的规模有限，它是资本主义内在矛盾的表现。资本主义的根本矛盾是日益扩大的生产与人们有限的购买力之间的矛盾，一方面，在这一体系中，所创造的财富与购买力大都为资本家私人所有，而资本家不可能消费其全部利润；另一方面，工人虽然有需求但由于分配的不均衡使得他们缺乏购买力，亦即有效需求不足。在这种情况下，资本主义表现为市场容量的有限。这种市场限制对于资本主义发展不平衡有如下影响：

---

① 《马克思恩格斯全集》第3卷，人民出版社，1960年，第67页。

第一，市场限制决定了机器大工业蚕食小生产的市场，逐步消灭小生产并令剩余的小生产屈服于资本主义大工业。一部分小生产者破产，他们将进入大工业体系中成为工人或者服务人员，而没有进入大工业体系中的小生产者则由于市场受到大大压缩而不得不陷入贫困乃至难以生存的境地。这里我们不妨引用恩格斯1892年9月22日致尼·弗·丹尼尔逊信中的一段话：

> 您抱怨机器生产的产品在排挤家庭工业的产品，从而破坏着农民赖以生存的副业生产；可是，这里我们涉及到一个资本主义大工业全然不可避免的后果：国内市场的建立（《资本论》第24章第5节），——这是我当年在德国亲眼看到的现象。就连您所说的不仅使农民的家庭纺织业，而且使农民的亚麻种植业遭到破坏的棉纺织工业产品的推广这种现象，在德国从1820年直到现在就一直存在着。总之，关于问题的这一方面，即家庭工业和与之有关的农业部门的破坏，我看，实际上对你们来说是这样一个问题：俄国人必须作出抉择，他们的家庭工业是由本国的大工业还是由英国商品的输入来消灭。如采用保护关税政策，这就要由俄国人来完成；如不采用保护关税政策，就要由英国人来完成。在我看来，这一切是显而易见的。
>
> 据您统计，大工业和家庭工业的纺织品总产量没有增长，而是处于停滞状态，甚至有所下降，这不仅是完全正确的，而且，如果您得出另外的结果，倒是错误的了。当俄国的工业还局限于国内市场时，它的产品只能用于满足国内的消费。而国内消费只能是缓慢地增长，而且据我看，在俄国目前的条件

下，还很可能下降。要知道，大工业所造成的必然后果之一就是：它在建立本国国内市场的过程中，同时又在破坏这一市场。它在建立国内市场时，破坏着农民家庭工业的基础。但是，没有家庭工业，农民就无法生存。他们作为农民在遭受破产；他们的购买力降到最低点，而他们作为无产者在还没有适应新的生存条件以前，对新出现的工业企业来说，将是极为匮乏的市场。①

恩格斯的这段话清楚表明，由于人均消费纺织品无法显著提高，因此市场总量并未扩大，甚至有所下降。但是，这并不意味着大工业的停滞，而是意味着手工业的萎缩。可以这样说，市场规模迫使大工业与小生产短兵相接，从而以前者压缩后者空间的胜利而实现了工业化的扩展，也实现了资本主义发展的不平衡。

第二，市场限制也意味着大工业不可能无限制地在全球扩展。因为我们无法想象，在市场需求大体固定的情况下，大工业毫无阻碍地扩散。在固定的市场规模下，大工业所能够限制的工厂数目总是一定的，这也意味着那些尚未工业化的地域即使能够获得相关的技术、管理乃至资本，也未必能够进入某个工业化的产业。正如马克思在《资本论》第 1 卷中所指出的，大工业虽然具有"突然地跳跃式"的扩展能力，但销售市场仍然将对这一能力构成严重的限制。② 如果我们将生产力持续提高的因素考虑在内，市场上所能够容纳的工厂数目不但不会增加，而且会下降。即使长期来看，市场规模能够有所增长，但仍然远低于工业化后生产率的提高。在这种情况下，技术的提高更加凸显出市场规模

---

① 《马克思恩格斯全集》第 38 卷，人民出版社，1972 年，第 466—467 页。
② 《马克思恩格斯全集》第 23 卷，人民出版社，1972 年，第 494 页。

的有限以及资本主义发展不平衡的必然性。

第三，市场限制还意味着一些小生产者无法在资本主义工业体系中找到自己的工作岗位，不得不仍然停留在小生产——这主要是农业小生产——内，忍受极其残酷的市场挤压。此外，随着技术的发展和资本有机构成的提高，市场限制而技术提高的大工业难以再吸收人员，小生产者更加难以进入资本主义工业体系。直到今天，仍然有许多国家没有实现工业化，虽然这些国家在经济制度方面已经与发达的资本主义国家相差无几了。甚至可以说，这些国家已经存在着某些资本主义生产方式，其经济制度也是资本主义经济制度，但仍然没有实现工业化。因为全球市场的有限，这些国家的工业在市场竞争中无法立足，已经破产或者濒于破产的小生产者由此无法进入工业中，只能局限于其市场渐渐缩小的原有产业。历史上看，它突出地表现为农民原来所赖以谋生的家庭工业的消亡，原来农民通过家庭农业与家庭手工业相结合来谋生的方式不得不改变成单纯依赖农业谋生。

第四，市场限制还意味着在市场有限的情况下，一部分资本家和资本主义企业将采取垄断的手段来获得更高的利润。由于全球范围内，垄断企业往往局限于资本主义发达国家内，这种垄断对于资本主义发展不平衡有着重要的加深与维持作用。关于垄断的含义、表现及其发展，列宁在《帝国主义论》中给予了深刻的阐述，这里不予赘述。此处需要强调的是，垄断是将非垄断情况下的利润都集中到金融寡头手中，而这些金融寡头多数分布于资本主义发达国家之中，这便使得资本主义发展不平衡更为突出。因此，垄断虽然不是资本主义发展不平衡的直接原因，但却强化了它的存在，并令其更为长久地持续下去。

（五）民族国家与资本主义发展不平衡

资本主义发展不平衡基本上是一个经济规律，但我们不能认为，这一经济现象仅仅是经济要素作用的结果。事实上，如果没有一个重要的政治条件，这一不平衡的现象也很难维持。这一政治条件就是民族国家的作用。民族国家是市场经济的产物，但这绝不意味着民族国家仅仅是被动地受经济因素的影响，事实上，民族国家对于经济的作用是极其深远的。

国家作为一个地域范围内的统治机器，在界定劳资关系方面扮演着一个重要的角色，从一国范围来看，它是马克思所称之的资产阶级共同事务委员会，维持了资本主义经济秩序与政治统治。而当资本主义扩散到全球并且实现了其全球统治后，国家就并不单纯是一国范围内资产阶级的共同事务委员会，它还在一定程度上成为民族压迫的工具，并成为资本主义世界体系内资本主义发展不平衡的最重要的执行者角色。具体来说，可以这样理解民族国家与资本主义发展不平衡的关系：

第一，地域上的空间一致，使得以国家利益为表现形式的民族利益在一定时间内超过全世界范围内的阶级利益，从而为资本主义发展不平衡确立了政治基础。

民族利益差别与民族矛盾本质上是阶级利益对立与阶级矛盾。但是，这种利益在实现的过程中，由于历史、文化和地域的因素，常常使得长远的、根本的阶级利益为当前的民族利益所掩盖。在一定时间内，当两种利益存在着重大冲突时，出于各种原因，民族利益往往能够压倒阶级利益而构成一个社会的行为取向。最典型的表现就是第一次世界大战期间社会民主党的纷纷转向。历史事实本身说明，民族利益在一定时间内能够成为全球范围内的重要政治基础。而民族国家作为这一利益的执行机构，在维护民族利益以及隐含在民族利益背后的本国统治阶级利益时，将不惜对其他民族国家实施利益的掠夺。这种政治斗争对于资本主义发展不平衡有着两种不同的作用方向。

对于资本主义发达国家来说，由于自身已经处于资本主义发展不平衡中的优势一端，因此其国家机器在国际政治经济中的作为是极力维持资本主义发展不平衡这一趋势，甚至想方设法拉大两极分化。而不发达国家则试图独立自主发展自身，减轻或弱化资本主义发展不平衡。今天，两者之间的斗争构成了国际政治经济领域的一个主要矛盾。二战以后，原殖民地国家的纷纷独立可以说是不发达国家所取得的一个重大胜利。但也要看到，由于两极分化的加重，发达国家维持资本主义发展不平衡、支配国际政治经济的基本格局仍然没有改变。

第二，民族国家还成了资本主义发达国家资产阶级收买工人阶级的手段，在当代，它以福利国家的形式而实现一国内资产阶级与工人阶级的暂时妥协，为的是剥夺不发达国家。

福利国家是资本主义发达国家的一个国家形式的新表现，其基本内容就是在不改变资本主义政治经济秩序的前提下，通过国家来为包括工人阶级在内的全体公民支付福利，从而实现资本主义的统治。从一国内部来看，福利国家的实质是资产阶级收买工人阶级。但仅仅局限于一国内部的观察并不能完整地把握福利国家。历史上，尽管完整形态的福利国家在二战以后才得以完善和确立，但其萌芽很早就已经出现。列宁在《帝国主义是资本主义的最高阶段》中指出了工人贵族在分享垄断公司超额利润的事实。① 1858年10月7日，恩格斯就在给马克思的一封信中指出：

> 英国无产阶级实际上日益资产阶级化了，因而这一所有民族中最资产阶级化的民族，看来想把事情最终导致这样的地

---

① 《列宁全集》第2版，第27卷，人民出版社，1990年，第330页。

步，即除了资产阶级，还要有资产阶级化的贵族和资产阶级化的无产阶级。自然，对一个剥削全世界的民族来说，这在某种程度上是有道理的。①

总之，从恩格斯和列宁的论述来看，福利国家不能简单地从资本主义国家的内部矛盾来理解，而应当从全球资本主义统治体系的角度来理解。资本主义发达国家的资产阶级用以收买其国内工人阶级的利益，并不限于工人自己的所得，而是全世界其他民族的利益。今天，一些发达国家的普通服务工人的工资要远远超出第三世界的平均工资水平，这绝不可能是因为其社会劳动时间增多或者劳动复杂程度高，只可能是全球经济不平等的产物。总之，福利国家在很大程度上是资本主义全球统治的产物，是资本主义发展不平衡的结果，同时又使得资本主义发达国家的工人与其统治阶级结成利益共同体，一起维护资本主义发展不平衡。

第三，资本主义发达国家造就与维护资本主义发展不平衡的方式多样，但万变不离其宗，只要有利润就会不择手段。

民族国家的作为对于一国资本主义工业的起源以及不平衡的发展有着重要的影响。历史上看，民族国家对造就所谓"西方的崛起"有着重要的意义。研究者指出，在没有政府介入的情况下，欧洲历史上的贸易表现并不优于亚洲，而只有将政府支持下的武装贸易和海外殖民考虑进来，欧洲才能够在发展上取得决定性的优势。② 可以说，从一开始，民族国家的武装暴力就与资本主义发展不平衡挂上了钩。此后，资本主

---

① 《马克思恩格斯全集》第29卷，人民出版社，1972年，第344—345页。
② 彭慕兰：《大分流：欧洲、中国及现代世界经济的发展》，江苏人民出版社，2003年，第16页。持这种看法的学者并不少，弗兰克、韩毓海等人都强调了殖民贸易对于英国工业化发生的重要性。

义虽然鼓吹自由贸易与和平贸易,但往往在自由贸易与和平贸易不能达到其目的的时候就用上武力,鸦片战争是如此,一战和二战也是如此。

在当代,资本主义发达国家维持资本主义发展不平衡的做法相对比较隐蔽,多数时候,运用的是一些和平的、貌似平等的做法来实现其垄断利益。突出的表现就是制定国际经济规则,控制世界银行、IMF等国家机构,在资源利益、气候谈判等场合尽可能给发展中国家设置障碍。但是也要看到,在涉及其重要利益的特定时刻,当代资本主义发达国家也仍然会直接通过武力手段来攫取超额垄断利润,美国入侵伊拉克就是最明显的事例。

(六) 结语

资本主义发展不平衡是资本主义产生以来的一个基本现象。自从列宁提出资本主义发展不平衡这一规律以来,理论界的研究大抵着重于探讨这一规律的应用和推衍,而对于这一规律的内在机制则相对忽视。笔者试图对此作一个初步的探索。笔者认为,这一现象的持续存在与其规律仍然发挥作用,其关键的机制在于历史起点、市场限制与民族国家这三个重要的解释因素。当然,我们并不能否认在资本主义世界体系中,仍然存在着一些推进资本主义不平衡的因素,比如资本主义发达国家的高额劳动力成本、信息技术对于交易成本的降低、资金的流动、知识的扩散或者一些落后民族国家发展本国工业的努力,等等。笔者无法一一考察这些因素,也难以对这些不同力量的相互作用和动力方向进行细致分析,但从当前全球两极分化的趋势来看,笔者所提出的资本主义发展不平衡的三种关键要素仍然发挥着基本的结构性作用。

一旦我们把握了资本主义发展不平衡的内在机制,当今世界的许多基本问题都可以从中找到自己的定位和解释。比如,我们从这些机制因素中可以得出结论，全球两极分化是资本主义发展的内在结构和必然结果；农民问题从根本上讲是两种基本力量的结果：市场规模使得发展中国家无法实现工业化，同时大工业和资本主义大农业在世界市场上对于小农的挤压迫使小农破产，由此产生各种与农民相关的政治经济问题；当代民族主义不能仅仅从文化或种族中寻找其起源，它的真正本质是民族对于资本主义发展不平衡的经济反映在政治上的表现；福利国家是资本主义发达国家收买无产阶级所产生的制度化政治结构；当今发展中国家政治衰朽（塞缪尔·亨廷顿语）的具体原因多样，但总体上都是在资本主义发展不平衡的大格局下，发达国家的政治操纵和发展中国家内部无法工业化所导致的政治要求双重挤压的结果。笔者无法在这里展开这一规律的具体应用，更多的讨论将有赖于学术界对这一理论的深入研究。

第七节　资产阶级全球化的利器

资产阶级，由于一切生产工具的迅速改进，由于交通的极其便利，把一切民族甚至最野蛮的民族都卷到文明中来了。它的商品的低廉价格，是它用来摧毁一切万里长城、征服野蛮人最顽强的仇外心理的重炮。它迫使一切民族——如果它们不想灭亡的话——采用资产阶级的生产方式。它迫使它们在自己那里推行所谓的文明，即变成资产者。一句话，它按照自己的面貌为自己创造出一个世界。

一、资本主义入侵的本质

资本主义入侵的本质是经济入侵，更准确地说，用更低的生产成本来将被入侵对象的产业打垮，令后者成为资本主义国家的原料供应国和商品倾销地。而基于经济入侵的政治和文化入侵也随之而来，最终奠定落后国家——殖民地国家和半殖民地国家——在整个资本主义世界体系中的被剥削地位。

自1840年中国的国门被打开以后，中国就不断遭受西方资本主义的侵略。西方各国对我国的侵略本质上是经济入侵，同时伴随着政治、文化入侵。而最重要的最深层的入侵，仍然属于经济领域。具体表现有：

第一，攫取中国海关管理权。中英《南京条约》关于关税协议的规定，使中国自己不能调整税率，开始丧失了关税自主权，成为当时世界上关税最低的国家。海关是一个国家的大门，而当时中国海关被外国侵略者直接控制，大大有利于西方资本主义国家向中国倾销商品，掠夺原料。同时中国的门户被打开，中国卷入世界市场，形成中外贸易逆差局面。

第二，对中国倾销商品、掠夺原料。鸦片战争以后，西方资本主义国家向中国疯狂倾销商品。但由于受到中国自然经济的顽强抵抗，并没有完全打开中国市场。第二次鸦片战争以后，他们凭借夺取的政治经济特权，逐步实现了向中国倾销商品的目标。同时他们还大肆掠夺原料。在中国的对外贸易中，出口的大多是工业原料和土特产品，其中以丝、茶为大宗，还有棉花、大豆、药材等。由于外商操纵价格，中国出口的商品蒙受了巨大的经济损失。

第三，进行资本输出，控制经济命脉。主要有四种形式：（1）办洋行。鸦片战争以后，外国商人在中国投资办洋行。1854年，上海黄浦江畔有洋行120余家。1867年，天津有洋行17家。（2）开银行。为了适应贸易需要，方便资本主义国家在中国的贸易活动，他们开始在中国开办银行，在中国输出资本，独霸中国金融业。（3）经营轮船公司。从19世纪60年代起，西方资本主义国家开始在中国投资经营轮船公司，很快垄断了中国远洋和内河的航运。（4）设工厂。鸦片战争以后，外商开始在中国设立船坞，维修船舶，并创办了砖茶厂等各种加工厂，掠夺中国资源，剥削廉价劳动力。

鸦片战争前，中国的商品市场虽有了一定程度的发展，但男耕女织的经济结构并未受到很大的冲击，大多数农民依然过着自给自足的生活，与市场的联系很小。鸦片战争后，洋纱洋布的输入逐渐增加，由于其价格和质量的优势，部分农民的生活受到冲击，他们不得不由原来的自纺自织变为买纱织布或直接买布。这就直接冲击了中国社会以耕织结合和纺织结合为核心的自然经济结构，纺织品的商品市场有了明显的扩大。部分农民因此破产，不得不进入工厂进行劳动。资本主义国家凭借其商品的低廉价格，成功地打开了中国市场。

二、资本主义入侵与对外开放

马克思认为欧洲资本主义对于广大亚洲人民的殖民统治产生了双重后果。一方面，欧洲资本主义的统治对亚洲人民带来了巨大伤害，欧洲帝国主义对亚洲人民的侵略与压迫，在本质上就是一种帝国主义对落后民族的残酷压迫和剥削；但另一方面，资本主义的入侵，让亚洲人民的意识开始觉醒，客观上促使亚洲人民睁眼看世界，有利于亚洲的民族进步。

19世纪和20世纪上半叶的资本主义入侵客观上给中国带来了一些资金、技术和人才，其中对于中国的技术扩散和经济社会增长也产生了一些作用。但是，这种资本主义入侵的危害是巨大的，它使中国经济沦为世界经济体系中的边缘,这既是资本主义入侵的主观意图,也确确实实是其在 20 世纪上半叶所成功实现的目标。如果没有中国革命以及独立自主的工业化过程,今天的中国与世界上多数发展中国家的经济位置将没有本质的区别。

而对外开放的情形与资本主义入侵完全不同。这是以我为主,主动积极地吸引资本主义国家的资金与先进技术,为我所用,从而有力地推动中国的经济社会发展。因此对外开放与资本主义入侵的根本区别就在于国家主权的主导性和引导方向。中国近几十年发展的巨大成就,是与主动积极的对外开放分不开的。

第八节 资本主义历史进程中的农村与城市问题

资产阶级使农村屈服于城市的统治。它创立了巨大的城市,使城市人口比农村人口大大增加起来,因而使很大一部分居民脱离了农村生活的愚昧状态。正像它使农村从属于城市一样,它使未开化和半开化的国家从属于文明的国家,使农民的民族从属于资产阶级的民族,使东方从属于西方。

一、如何理解资本主义促成农村与城市的历史命运

在古代社会,城乡人口发展程度极低。由于分工少,城乡之间的对立关系并不尖锐。随着封建所有制的发展,城市出现了同业公会所有制,帮工和学徒制度发展起来;在农村则是贵族掌握了支配农奴的权利。城市和乡村虽有着不同的分工,但这种分工的差异性并不明显。城

市和乡村有着相同的等级制度。除此之外，当时的整个社会是以农业生产为主，因此，城乡差别并不明显。

资本主义生产方式的出现是城乡对立尖锐化的开始。在资本主义社会，资本和土地发生了分离，资本成为驱动力，代表城市生产方式的雇佣劳动制成为主流，城市开始统治农村。这种统治一方面表现在对农村资源的剥夺，如劳动力。在资本主义制度下，农村人口成了城市剥夺的对象。资本主义工业化生产之前，农村人口可以在家里从事农业或手工业生产。但随着劳动方式的改变，农业劳动所需人口大大减少，原来的"农民"不得不到城里寻找工作，大量农业剩余人口流入城市。"作坊还找到了大量的农民这个强有力的支柱，数百年来，由于耕地变成牧场以及农业进步减少耕作所需要的人手，大批农民不断被赶出乡村而流入城市。"①

另一方面表现在城市生产方式传播到农村引起的农业生产方式的改变，如农业产业化。在资本主义产生之前，"沉睡时被从生产中心移出，城市所扮演的是和生产方式相对的上层建筑的角色，也就是马克斯·韦伯处理东方城市时进行了恰当描述的政治城市"。资本主义生产方式产生之后，城市就不仅是政治城市，而且也是生产城市，并且它在生产上超越了农村。传统的人力和畜力被自然力所取代，出现了新的产业、新的分工，这都引起了城乡关系的巨大变化，这个变化的结果就是城市彻底战胜了农村。在资本的作用下，乡村的生产方式已经纳入城市生产体系，城市和乡村不再是一般意义上的对立关系，而是统治与被统治关系。

城市统治农村，并不意味着生活在城市之中的人就能获得自身的全

---

① 《马克思恩格斯全集》第4卷，人民出版社，1958年，第166页。

面发展。占城市人口大多数的无产阶级,在城市里靠出卖劳动力勉强维持生计,生活状况恶劣且毫无保障,许多人无家可归,"霍乱、斑疹伤害、天花以及其他灾难性的疾病,总是通过工人取得被污染的空气和混有毒素的水来传播原菌"。① 因此资本主义生产关系下的城市人口并没有在工业化的过程中获得发展。

二、"东方从属于西方"

"东方从属于西方"是指工业革命后,东方大多数国家逐渐成为西方资本主义列强的殖民地或半殖民地;西方列强将东方国家囊括于资本主义世界市场,成为其经济的附属。其主要形式表现在以下几个方面。

在经济上,西方国家与东方国家形成"掠夺与被掠夺"的关系。由于地理大发现和世界市场的建立,资本主义为获得财富,通过殖民掠夺和贸易,导致大量的黄金财富源源不断流入西方。马克思说:"在整个十八世纪期间,由印度流入英国的财富,主要不是通过比较次要的贸易弄到手的,而是通过对印度的直接搜刮,通过掠夺巨额财富然后转运英国的办法弄到手的。"许多被殖民的国家既被当作提供丰富资源的产地,又被当作销售产品的市场。马克思认为:"机器产品的便宜和交通运输业的变革是夺取国外市场的武器。机器生产摧毁国外市场的手工业产品,迫使这些市场变成它的原料产地……大工业国工人的不断'过剩',大大促进了国外移民和把外国变成殖民地,变成宗主国的原料产地,例如澳大利亚就变成了羊毛产地。一种和机器生产中心相适应的新的国际分工产生了,它使地球的一部分成为主要从事农业的生产地区,以服务于另一部分主要从事工业的生产地区。"对于19世纪末的世界

---

① 《马克思恩格斯文集》第3卷,人民出版社,2009年,第272页。

体系，恩格斯也作了这样的描述："英国是农业世界的大工业中心，是工业太阳，日益增多的生产谷物和棉花的卫星都围绕着它运转。"

在政治上，西方国家与东方国家形成"殖民与被殖民"的关系。资本主义经过工业革命，利用其先进的生产力，大搞殖民扩张，用武力对弱小的国家、民族进行征服。它用坚船利炮，打开了封建半封建社会的东方国家的大门，在那里推行殖民统治。马克思指出："英国的大炮破坏了皇帝的权威，迫使天朝帝国与地上的世界接触。与外界完全隔绝曾是保存旧中国的首要条件，而当这种隔绝状态通过英国而为暴力所打破的时候，接踵而来的必然是解体的过程，正如小心保存在密闭棺材里的木乃伊一接触新鲜空气便必然要解体一样。"殖民统治和掠夺破坏了被侵略国家的独立发展进程，这些国家丧失或部分丧失了政治独立，主权受到侵犯，人民遭到奴役。

在文化上，西方国家与东方国家形成"渗透与被渗透"的关系。大工业使各民族的原始封闭状态消除，使得社会生活以至文化、精神生活均出现了世界性的渗透与影响。"资产阶级，由于开拓了世界市场，使一切国家的生产和消费都成为世界性的了……物质生产是如此，精神生产也是如此。各民族的精神产品成了公共的财产。民族的片面性和局限性日益成为不可能，于是由许多种民族的和地方的文学形成了一种世界的文学。"这种渗透与被渗透关系的形成有其主客观的原因。从客观角度讲，资本主义世界的文化伴随着商品、资本的输出而输出；从主观方面讲，西方资本主义国家也意欲输出其意识形态、价值观念以取代东方国家的传统文化和价值观念。

虽然马克思主义认为资本主义的发展进程中，东方从属于西方是一个大的历史趋势，但他仍然认为东方对现有的西方资本主义体系的反抗有着重要的意义。马克思在《中国革命和欧洲革命》中记录了在中国发生的太平天国对当时整个欧洲产生的影响力,认为这个影响力的重点是对当时的英国,继而将会传向整个欧洲,并将促进整个欧洲的政治革命。与此同时,马克思在对印度作了认真研究之后,完成了《不列颠在印度统治的未来结果》一文。在这篇文章中马克思阐明了欧洲殖民行为对亚洲国家产生的深刻影响,特别是给印度带来的巨大变化。

第九节 资本主义与民族

资产阶级日甚一日地消灭生产资料、财产和人口的分散状态。它使人口密集起来,使生产资料集中起来,使财产聚集在少数人的手里。由此必然产生的结果就是政治的集中。各自独立的、几乎只有同盟关系的,各有不同利益、不同法律、不同政府、不同关税的各个地区,现在已经结合为一个拥有统一的政府、统一的法律、统一的民族阶级利益和统一的关税的统一的民族。

一、为什么资本主义倾向于经济与政治的集中

政治是经济关系的集合和冲突、调解。社会制度就是通过法律的强力来保证统治阶级的利益,维护他们在社会生活中的主导和统治地位。政治在整个社会的上层建筑中居于特殊地位,它对经济的影响最直接、深刻。这是因为,政治的力量在于国家政权。当统治阶级运用国家政权的力量,运用政策或者法律的手段作用于经济,就会产生巨大的反作用,即实现、维护和巩固本阶级的经济利益。历史告诉我们,任何阶级或社会集团要实现和维护自己的根本经济利益,都必须进行夺取国家政

权或巩固和运用国家政权的政治斗争。

因此，资本家为了保证他们在经济方面的优势，赢得更大的规模化的效益，首先会选择把生产资料的所有权掌握在自己手里，把它们集中起来，再雇用除了劳动力之外一无所有的无产阶级进行大规模的产业化的生产，形成资本和生产的集中。而为了维护这样一种"经济集中"，他们必须把国家政权掌握在本阶级手里，实行资本主义政治制度，这就是"政治集中"。资产阶级必须利用政治对经济的巨大反作用来保证资本主义生产的顺利进行，进一步巩固他们在社会生活中的主导和统治地位。

二、马克思主义经典作家的民族形成理论

这段话里，《共产党宣言》提到了资本主义对于民族形成的重要作用，这是马克思主义关于民族理论的一个重要观点，亦即民族是资本主义上升时期的产物。《共产党宣言》认为，"各自独立的、几乎只有同盟关系的，各有不同利益、不同法律、不同政府、不同关税的各个地区，现在已经结合为一个拥有统一的政府、统一的法律、统一的民族阶级利益和统一的关税的统一的民族"。

民族和民族国家形成于资本主义上升时期，其经典论述出自斯大林的《马克思主义与民族问题》："封建制度消灭和资本主义发展的过程同时就是人们形成为民族的过程。例如西欧的情形就是如此。英吉利人、法兰西人、德意志人、意大利人等都是在资本主义打破封建割据局面而胜利前进时形成为民族的。"同时，这些国家的民族形成与民族国家的形成基本上一致。"但是，西欧各民族形成的过程同时就是它们变为独立的民族国家的过程。英吉利、法兰西等民族同时就是英吉利等国

家。处于这一过程以外的爱尔兰并不能改变总的情景。"而东欧因为资本主义不发达，因此没有形成这种典型的民族国家，而是由奥地利、匈牙利和俄罗斯等民族为首建立起多民族国家。同时由于资本主义的发展，在东欧国家形成了风起云涌的民族运动，这种民族运动在本质上是资产阶级所发起的为争夺市场而进行的斗争。

应当说，马克思和斯大林对于民族形成和民族国家形成的概括是符合西欧历史的，但是如果将这一理论应用到中国，能否就据此断定，中国的民族或民族国家形成于1840年以来呢？由此引发了一个如何理解中国民族形成的问题。以下附上笔者的一篇论文，供读者参考。

三、市场经济与民族国家：对斯大林民族形成条件理论的修正①

过去几十年来，中国学术界对于民族定义、斯大林民族理论与中国的民族问题展开了深入的探讨。② 与这些探讨相关的一些理论与实践问题涉及民族的认定、族群与民族的概念取舍问题、汉民族形成问题等等。这里不拟对纷繁复杂的争论一一梳理，但在阐明观点之前，有必要简要地对一个基本问题做出判断：

汉语里常用的"民族"（比如"少数民族"）其实更多是"族群"，而不等于斯大林意义上的"民族"，后者除了在族群的基础之上而更强调政治层面上所界定的"民族国家"。③ 还要注意到，"汉语里

---

① 原文发表在《广西民族研究》2012年第4期。
② 最近有关这一争论的文献综述可见李振宏《新中国成立60年来的民族定义研究》（《民族研究》2009年第5期）。
③ 参见郝时远：《重读斯大林民族定义——读书笔记之一：斯大林民族定义及其理论来源》，《世界民族》2003年第4期；庞中英：《族群、种族和民族》，《欧洲》1996年第6期；徐杰舜：《论族群与民族》，《民族研究》2002年第1期；乌小花：《论"民族"与"族群"的界定》，《广西民族研究》2003年第1期。

常用"不仅仅指日常语言，而且关涉到政治政策，比如国家的民族界定和民族政策。汉语里常用的"民族"既与斯大林的民族国家非一物，那么，便不可以持此以攻彼或者持彼而攻此。比如我们不能因为我国的少数民族往往形成于前资本主义乃至原始社会时期，便认为斯大林的理论错误，或者持斯大林的理论逻辑而批评中国的民族说法不合规范。离则两美，合则两伤。一则偏重族群生活（汉语里常用的"民族"），一则偏重政治国家（斯大林的民族理论），其实各自的逻辑都可以成立。

一旦将作为族群的民族与作为民族国家的民族拉扯开来，几十年来许多理论问题和实践困境大抵便可以解决，比如少数民族的认定，中国民族政策的理论依据。① 但这并不意味着所有问题都迎刃而解，仍有一个理论上的冲突问题无法避免，那就是汉族形成问题，它绝不仅仅只是"汉"这样一个族群的形成问题，而是直接关涉到斯大林民族理论的核心——"民族国家"。因为汉民族的形成不仅仅是族群，其中蕴含了国家问题，而汉民族形成争议的核心其实就是民族国家的形成条件。

（一）汉民族形成争议及其隐含的理论问题

汉民族形成问题曾经是历史研究中的五朵金花之一，而在20世纪80年代以来的学术研究中，逐渐被冷落。伴随着这几朵金花的边缘化，马克思主义研究方法所受到的忽视也成为一种必然。与此同时，也要看到，马克思主义民族理论和史学理论在最近几十年缺乏重大的理论创新，与此不无关系。当然，这并不意味着五朵金花的问题就此失去意

---

① 这并不是说政治方面便可以高枕无忧，因为只要认定某部分群体为民族，总会有些人"循名而责实"，乃至要求一种"民族国家"的权利。应该说，这样一种具有民族主义倾向的思潮在过去几年里的西藏和新疆事件中有所体现。从这个角度来看，20世纪50年代中国将众多族群定义为"民族"，只是一种政治上的暂时妥协，但也许得不偿失，因为它蕴含冲突阐释的可能性。

义，汉民族形成问题也是如此。

中国学术界对于汉民族形成问题开展研究早在抗日战争之前。吕思勉在《中国民族演进史》一书中认为："我以为《中庸》里边'今天下车同轨，书同文，行同伦'这十二个字，是最表现得出我们民族形成的情形的。"应该说，这一判断比较符合汉语中常用的"民族"概念，但当时并未引发更多的争论，其中一个重要原因是它缺乏理论探讨的维度。

1953年，叶菲莫夫在《历史问题》1953年第10期发表《论中国民族的形成》一文，该文认为中国民族形成于封建制度消灭与资本主义形成发展的过程。范文澜针对该文在《历史研究》1954年第3期上发表《试论中国自秦汉时成为统一国家的原因》一文，文中一方面引用马克思主义经典作家，尤其是斯大林的论述，来作为讨论汉民族形成的理论基础；另一方面又同时根据历史上的材料证明，汉民族自秦汉时期已经形成，这也是中国自秦汉以来长期成为统一国家的原因，而汉民族得以形成主要应归功于"车同轨"——秦汉前后在中国范围内的共同经济生活。应该说，范氏这一论述本身并非创见，前述吕思勉就已经有类似的观点。但因为直接将斯大林的民族理论与中国历史相对照，从而让人很快意识到中国的特殊之处。更重要的是，范文澜采用了一种"中国独特论"的逻辑来加以处理："汉族自秦汉以下，既不是国家分裂时期的部族，也不是资本主义时期的资本主义民族，而是在独特的社会条件下形成的独特的民族"。①

范氏此文引发了热烈的讨论，有主张汉民族形成为鸦片战争以

---

① 范文澜：《试论中国自秦汉时成为统一国家的原因》，《历史研究》1954年第3期，第23页。

后,[①] 有认为自明代后期开始形成,[②] 还有的认为汉民族形成于清代。所有这些观点,与其说是史料辨析问题,毋宁说是概念的辨析问题。核心争议概念不在于民族、民族国家,而在于民族国家的形成条件,具体而言,指民族国家与资本主义的关系。在这方面,张正明非常敏锐地指出,范文澜先生的结论"在实质上否定了民族是资本主义上升时期的历史范畴",因而是与"马克思列宁主义原理相违背的"。[③] 这里,笔者用"敏锐"形容这一批评意见,并不是认为该意见正确,而是抓住了问题实质,即民族国家与资本主义的理论关联。

  这里,不妨重温一下斯大林的论述。斯大林在论述民族形成时指出:"民族不是普通的历史范畴,而是一定时代即资本主义上升时代的历史范畴。封建制度消灭和资本主义发展的过程同时就是人们形成为民族的过程。例如西欧的情形就是如此。英吉利人,法兰西人、德意志人、意大利人等都是在资本主义打破封建割据局面而胜利前进时形成为民族的。"[④] 如此,民族国家可以说是资本主义的伴生物。斯大林的这一论述可以说是马克思和恩格斯在《共产党宣言》中有关民族问题论述的明确化和体系化。在《共产党宣言》中,两位马克思主义创始人指出:

  资产阶级日甚一日地消灭生产资料、财产和人口的分散状态,它使人口密集起来,使生产资料集中起来,使财产聚集在

---

① 曾文经:《论汉民族的形成》,《历史研究》1955年第1期。
② 杨则俊:《关于汉民族形成问题的一些意见》,《教学与研究》1955年第6期;张正明:《试论汉民族的形成》,《历史研究》1955年第4期。
③ 张正明:《试论汉民族的形成》,《历史研究》1955年第4期,第98页。
④ 《斯大林选集》上卷,人民出版社,1979年,第69页。

少数人的手里。由此必然产生的结果就是政治的集中。各自独立的、几乎只有同盟关系的，各有不同利益、不同法律、不同政府、不同关税的各个地区，现在已经结合为一个拥有统一的政府、统一的法律、统一的民族阶级利益和统一的关税的统一的民族。①

在此，马克思与恩格斯认为，民族本身是资产阶级的历史作用，正是由于资产阶级对统一市场的要求，使得以封建割据为特点的中世纪政治转变成统一的民族国家。这里，应该记住的是，马克思和恩格斯只是对于西欧历史的一种描述，尚未构成一种严格的理论体系。而斯大林在对西欧和东欧历史进行研究之后，将马克思和恩格斯的具体观点提升为一种一般性的理论判断。因此，将资本主义上升视为民族形成的条件这一理论归功于斯大林是合理的。但是将这一理论判断应用到中国，却出现了很大的困难。范文澜应用斯大林的民族四个要素的标准来描述中国，认为中国在秦汉时期已经形成了民族（国家）。② 这里，范文澜所依据的标准正是斯大林的民族理论。但无论如何，学者们也很难用"资本主义上升时代"来描述秦汉时期的中国，范文澜也不例外。那么，在汉民族形成这个具体的历史问题上，又如何调和民族四要素理论与民族形成问题上的龃龉呢？

理论问题无法回避。范先生的"独特民族"论虽然尊崇斯大林民族理论，同时又照顾了中国的实际。但事实上也凸显了斯大林民族理论的内在矛盾。而其他学者则对斯大林民族理论亦步亦趋，不敢质疑斯大林民族理论自身的问题，从而倾向于否认中国的特殊性，而满足于在中

---

① 《马克思恩格斯选集》第 1 卷，人民出版社，1995 年，第 277 页。
② 范文澜：《试论中国自秦汉时形成统一国家的原因》，《历史研究》1954 年第 3 期。

国历史中寻找"资本主义上升时期"的证据。汉民族形成于"鸦片战争"与"明代后期"等论述，总体上就是这种理论下的看法。所有讨论各方，都不曾质疑斯大林的民族理论。而笔者以为，这恰恰是汉民族形成问题走入死角的原因之一。几十年后重提这个话题，是想指出斯大林民族理论的不足，而这其中"资本主义上升"这一条件与中国汉民族形成构成鲜明的对立，难以两全。

在本节结束之前，这里还补充两点：（1）曾有学者用中国的少数民族形成问题来佐证斯大林有关民族形成理论的不足，但这一做法是不充分的。理由如前所述，两者所讨论的并非同一个问题。但范文澜引发的汉民族形成问题，却并非一个族群形成问题，而是斯大林意义上的民族国家问题。因此，汉民族的形成问题要远比其他讨论更为关键。（2）将前资本主义的中国视为非民族国家，并非仅仅限于斯大林的理论逻辑。不少非马克思主义理论都看到了前资本主义的中国类似于一个民族国家，但却不肯承认。比如派伊认为，传统中国并不是一个民族国家，而仅仅是一种文明。由此可见，总体上来说，拒绝承认秦汉至清时期构成的汉民族国家或多或少带有一种欧洲中心论的倾向。

（二）民族国家形成：理论与历史

从马克思主义民族国家的理论来看，政治集权构成民族国家的一个必要条件。斯大林将民族定义为："人们在历史上形成的一个有共同语言、共同地域、共同经济生活以及表现在共同文化上的共同心理素质的稳定的共同体。"[①] 这里，其中更多倾向于一种族群定义。但是，这事实上还不足以充分概括斯大林所论述的民族国家，因为民族国家除了"民族"这一族群要素之外，还涉及"国家"这一政治要素。事实上，

[①]《斯大林选集》上卷，人民出版社，1979年，第64页。

斯大林在许多地方所使用的民族，往往指的就是民族国家。正如郝时远所指出的，斯大林所论述的民族实质上是"国族"，这一论述极有见地。民族国家虽然与作为族群的民族存在着千丝万缕的联系，但从概念上来讲，这两者完全不是一回事。

民族国家所具备的政治集权包括两个方面的含义：第一，相对于外部的主权独立。在西欧社会的政治发展阶段中，民族国家（nation-state）的出现是一个重要的政治发展。所谓民族国家，其核心就是主权国家，它是作为传统的封建割据的对立物而出现的。从西欧的历史来看，民族国家的出现与封建政制的解体是同步的，大概在15世纪左右，法国、英国、西班牙就形成了西欧最早的民族国家。① 通常认为，欧洲最早的民族国家是1479年西班牙的卡斯蒂尔—阿拉贡联合王国，它起源于西班牙反对阿拉伯的格拉纳达王国，也就是"收复失地"运动。同期的还有法国在中央集权化过程中摆脱罗马教会控制（所谓阿维农教皇时期）成为民族国家。英国成立国教、发动宪章运动从而确立民族国家的地位。民族国家体系的确立标志则应当归功于1648年的《威斯特伐利亚条约》，民族国家的核心是主权，对内主权不可分割，对外主权不可侵犯。

第二，对内管辖权的政治集中，包括军事和行政上的集中。如果一个政治共同体对外表现出政治独立，但对内却实行层层契约执行的封建领主制度，显然是不足以称之为一种民族国家。从民族国家的内部结构来看，它所以取代封建政制的措施还包括以官僚制度代替封建世袭，以常备军代替通过分封契约而征募的军队。马克思在《法兰西内战》的初稿中如此描述法国创立民族国家的历史：

---

① 恩格斯《关于德国的札记》，《马克思恩格斯全集》第18卷，第647页。

以其无处不在的复杂的军事、官僚、宗教和司法机构像蟒蛇似地把活生生的市民社会从四面八方缠绕起来（网罗起来）的中央集权国家机器，最初是在专制君主制时代创造出来的，当时它是作为新兴的现代社会在争取摆脱封建制度束缚的斗争中的一个武器。中世纪贵族的、城市的和僧侣的领主特权都转变为一个统一的国家政权的职能；这个统一的国家政权以领薪的国家公务员代替封建显贵，把掌握在中世纪地主的门客仆从手中和市民团体手中的武器转交给一支常备军队，以实行系统分工和等级分工的国家政权的计划调节代替中世纪的互相冲突的势力所造成的错综复杂的（光怪陆离的）无政府状态。以建立民族统一（创立民族国家）为任务的第一次法国革命，必须消除一切地方的、区域的、城镇的、外省的独立性。因此，这次革命不得不继续进行专制君主制度已经开始的工作，也就是使国家政权更集中更有组织，并扩大国家政权的范围和职能……①

从上述核心特征来看，有理由认为，范文澜的论述是站得住脚的，即汉民族——更确切地说指汉民族国家——形成于秦汉之际。具体来说，中国汉民族国家的形成存在以下几个方面的支持因素：首先，存在着以大一统与华夷之辨为特征的对民族国家的普遍认同，这在春秋战国时期的文献中有着突出的表现，比如孟子主张天下"定于一"②，荀子描述"王者之法"下，"四海之内若一家"。而华夷之辨在《论语》中

---

① 《马克思恩格斯选集》第3卷，人民出版社，1995年，第91页。
② 《孟子·梁惠王上》。

已经数见，至后来更是成为一种心理定势。总之，这两种相辅相成的政治心理已经构成了汉民族国家的心理基础。

其次，总体来说，中国在一个基本稳定的地域范围形成了两千年来的基本上的政治统一。"中国"一词至迟出现在西周初年，最初的"中国"只指周王所在的丰（在今陕西西安市长安区西南沣河以西）和镐（在今陕西西安市长安区西北丰镐村一带）及其周围地区。在春秋战国期间，其外延不断扩大。至秦汉，原来的诸侯国都已包括在统一国家的疆域之内。大抵上指黄河流域与长江流域这两块。虽然此后，在某些具体的地域——比如四川、河西走廊、珠江流域、东北等地——能否称之为中国，可以存在争议，但其核心地域几千年来保持着基本的稳定，这也是一个不争的事实。需要强调指出的是，民族国家的政治统一并非指一般意义上的政治统一，而是有着特殊的含义。在帝国范围内，也存在着政治上的统一。但是帝国的一个突出特征表现为异族统治，也就是说一个民族统治另一个民族，比如罗马帝国中罗马民族对其他民族的统治或大英帝国对殖民地的统治。而民族国家的政治统治基本上则是国家范围内的各个民族基本上是平等的，不存在异族统治。以此而论，秦汉以来的中国在其统一时期，基本上都能够称之为政治统一。①

最后，还需要特别强调的是，维系一个民族国家，除了上述这些本质特征之外，还有一个重要的政治组织，那就是官僚制度。前面马克思在论述民族国家的建立过程时，特别指出了"以领薪的国家公务员代替封建显贵"，不是没有原因的。因为只有官僚制度才能将具有最高主

---

① 在中国历史中，元朝与清朝能否算异族统治，构成了一个问题。这里不拟深入研究，只是提出一个初步的判断，元朝有着明显的异族统治特征。而清朝，尤其是中晚清，其异族统治的因素较少，它更多是有一个异族统治者，而不是异族统治。所以如此判断，原因是人民的平等程度。无论如何，就秦汉至晚清的长时段历史来看，这两个王朝即使都归为异族统治，也无害整体上民族基本平等的判断。

权的民族国家结合在一起。而中国古代的官僚制度，堪称前资本主义社会中最典型的官僚制度，它更是民族国家所以构成的基本支柱。具体而言，中国的官僚制可以从以下三个方面来体现：（1）郡县制的确立，确保了分封制不可能得以再恢复。（2）科举制，从而让中国古代官僚制度摆脱了世袭，形成韦伯意义上的现代官僚制。（3）内部严密的运行机制，保证官僚机构得以正常运转，得以应付处理各种社会公共事务的需要，这里包括监察制度、弹劾制度、情报制度等。总之，正如马克垚在对中西传统社会进行比较后指出，"中国的官僚机构，在如此遥远的年代，即有如此周密的组织和如此细致的运行机制，确是一种伟大的创造，这是西方文明所远不能比拟的"。①

以上这些有关秦汉至清末汉民族国家的基本特征，对于中国学者来说是基本常识，因此本文并未罗列过多证据。但这里有必要说明的是，一些西方学者往往难以接受欧洲以外其他国家更早具备现代国家特征这一事实。因此，自艾森斯塔德始，他们更倾向于将传统中国的国家形式称之为传统国家。比如吉登斯极力强调中国传统官僚制的世袭因素，在该书中他多次提及"中央集权的官僚帝国总是保留着强烈的世袭成分"。在科举问题上，"实际上，是否拥有世袭特权对于获得任何重要的俸产来说都生死攸关"。此外，他还夸大土地所有权对于官僚制的影响："控制地产这种受俸形式，使得他们的阶级位置——不同类型的阶级位置会采取不同的形式——同国家的世袭制特征纠结在一起。"② 诚然，中国古代国家确实存在着一定的世袭特征，但在工业革命之前，无

---

① 马克垚：《中西封建社会比较研究》，学林出版社，1997年，第295页。
② ［英］安东尼·吉登斯：《民族——国家与暴力》，胡宗泽、赵力涛、王铭铭译，三联书店，1998年，第79—82页。

疑是世界上社会流动性最高的国家。① 因此，吉登斯的这种强烈倾向性的论述不得不让人怀疑，他们在内心不愿意承认传统中国与西欧绝对主义国家之间的相似性，从而将欧洲以外其他地区的民族国家问题搁置在欧洲之后。

上面，我们根据马克思主义的民族国家理论和中国秦汉以来的政治实践历史进行相对照，可以认为，中国自秦汉以来就出现了民族国家。这样，我们必须回到民族国家形成的基本理论问题：什么因素是民族国家形成的经济基础？笔者认为，这一经济基础不是斯大林理论中的资本主义，而是市场经济。

（三）市场经济是民族国家形成的经济基础

民族和民族国家形成于资本主义上升时期，这一经典论述出自斯大林的《马克思主义与民族问题》。"封建制度消灭和资本主义发展的过程同时就是人们形成为民族的过程。例如西欧的情形就是如此。英吉利人，法兰西人、德意志人、意大利人等都是在资本主义打破封建割据局面而胜利前进时形成为民族的。"② 同时，这些国家的民族形成与民族国家的形成基本上一致。"但是，西欧各民族形成的过程同时就是它们变为独立的民族国家的过程。英吉利、法兰西等民族同时就是英吉利等国家。处于这一过程以外的爱尔兰并不能改变总的情景。"③ 而东欧因为资本主义不发达，因此没有形成这种典型的民族国家，而是由奥地利、匈牙利和俄罗斯等民族为首建立起多民族国家。同时由于资本主义的发展，在东欧国家形成了风起云涌的民族运动，这种民族运动在本质

---

① Ping-Ti Ho, *The Ladder of Success in Imperial China: Aspects of Social Mobility*, 1368—1911, Columbia University Press, 1964, p.256.
② 《斯大林选集》上卷，人民出版社，1979年，第69页。
③ 《斯大林选集》上卷，人民出版社，1979年，第69页。

上是资产阶级所发起的为争夺市场而进行的斗争。以上为斯大林的理论的基本概括。

笔者认为，这一论述中存在着一个重要的疏忽，就是将民族国家形成阶段中市场经济的形成误认为资本主义上升。由于西欧在商品经济发展后拓展世界市场，随后又实现了工业革命，因此，很容易让人误解为最初的市场经济是一种资本主义。今天看来，这一误解可以消除了。

第一，西欧的民族国家与其说是资产阶级的推动，毋宁说是在市场经济条件下贵族与王权的要求。在西欧，民族国家形成的最初形式就是绝对主义国家，而绝对主义国家其实并非资产阶级的主张，而是贵族和王权的诉求。安德森指出，那种坚持绝对主义国家具有资本主义或半资本主义特点的论述已经基本上被学术界所抛弃。① 而一旦抛弃绝对主义国家的资本主义基础，我们就会走向另一个重要因素：市场经济。

恩格斯在其遗稿《封建社会的瓦解与民族国家的产生》一文中，如此描述封建社会瓦解与民族国家产生的过程：在中世纪早期典型的封建社会中，货币几乎没有地位。封建主用劳役或实物从其农奴那里取得他所需要的一切，甚至军费也是征收实物。随着商业的发展，自治市得以复活，而城市之间和城市与外界之间的商业来往也日益增多，甚至封建贵族也开始以货币形式征税。这些虽然是经济上的变化，但是它也有相应的政治变化。它突出表现为王权反对贵族。"在这种普遍的混乱状态中，王权是进步的因素，这一点是十分清楚的。王权在混乱中代表着秩序，代表着正在形成的民族而与分裂成叛乱的各附庸国的状态对抗。在封建主义表层下形成着的一切革命因素都倾向王权，正像王权倾向它

---

① ［英］佩里·安德森：《绝对主义国家的系谱》，刘北成、龚小庄译，上海人民出版社，2001年，第27—28页。

们一样。"① 当然，王权之所以是进步的，是因为王权代表着统一的政府和法律，也就是统一的市场。这里，统一的市场更多是商人、小生产者的需求，还远未谈到雇佣劳动的工业资本主义。

这里需要特别强调的是，资本主义与市场经济的不一致。早在资本主义确立其历史地位之间，小商品生产和小农业生产已经造就了一个市场经济。这个市场经济虽然远不及后来的资本主义市场经济那么发达，但仍然是市场经济，也需要一定的政治条件。因此初步形成中的市场经济呼唤中央集权，并最终导致民族国家的形成。可以说，只要撇开资本主义而代之以市场经济这个概念，斯大林论述西欧和东欧民族的基本逻辑就能够解释中国的民族国家的形成，从而具有了普遍性。而如果市场经济不够发达的话，那么，就可能意味着民族国家难以形成。正如恩格斯在《德国农民战争》中指出的："德国农工商业的发展很差，使德国人统一为一个民族国家没有任何可能，只可能有局部的和省区的中央集权化。"② 这里，恩格斯并未特意强调"资本主义"而只是用工商业来说明。事实上，只要不拘泥于"资产阶级"或"资本主义"这一层面的论述，斯大林对于市场在民族国家形成中作用的论述也是完全中肯的。"在年轻的资产阶级看来，市场是基本问题。它的目的是销售自己的商品，战胜和自己竞争的异族资产阶级。因此，它力求保证自己有'自己的''本族的'市场。市场是资产阶级学习民族主义的第一个学校。"③

第二，中国民族国家的形成为西欧民族国家形成提供了一个很好的说明，即市场经济初步形成并不等于资本主义上升。前面已经指出，中

---

① 《马克思恩格斯全集》第21卷，人民出版社，1965年，第453页。
② 《马克思恩格斯全集》第7卷，人民出版社，1959年，第480页。
③ 《斯大林选集》上卷，人民出版社，1979年，第70—71页。

国的汉民族形成于秦汉之际,范文澜有关汉民族形成的论述是基本成立的。那么这是否意味着其对中国民族国家形成独特性的论述也是成立的呢?他认为,中国是独特的民族,是否意味着中国的民族国家仅仅需要作为例外来处理呢?中国例外的逻辑并不能真正解决问题,它所引发的问题要远比它想象的多:首先是民族国家的形成条件问题。如果民族国家可以在前资本主义时代产生,那么民族国家的形成条件又是什么呢?如果认为,汉民族(国家)的形成条件不同于西欧民族国家的形成条件,就几乎可以推断,民族国家与其外部条件仅仅是一种偶然的结合,而不存在内在的必然联系。按照这种逻辑,任何一种有关民族国家形成问题的论述都可能会遇到麻烦,即该论述仅仅是一种个案的描述,其形成条件与民族国家之间仅仅是因为时空具有相关性,而缺乏真正的解释力。其次是中国历史的解释逻辑问题。既然中国的民族国家形成不合乎西欧的逻辑,推而广之,凡是中国的历史是否都要给予一个不同的逻辑呢?如此而言,一般理论研究的意义何在?近年来,有部分学者持多线历史发展观,并且隐含或明确地否定这种多线历史发展的一元论基础。这种倾向是危险的,它的错误在于失去了基本的解释方向。但是,如果我们将民族国家仅仅视为一种经济形式所特需的产物,并且它无关乎先进落后,那么从更宽广的视野来看,我们完全应当承认秦汉至清的中国与欧洲绝对主义国家的相似性。更重要的是,两者在民族国家的经济前提上也存在着基本相似性。考虑到秦汉时期的中国远未到资本主义上升阶段,我们可以由此推断:市场经济形成而不是资本主义上升是民族国家形成的经济基础。

第三,这里还有一个语词上的用语习惯原因。对资本主义上升的误解在很大程度上是由于对"市民阶级"(bourgeois)与"资产阶级"(Capitalism)的混淆。"bourgeois"这个语词具有彼此联系而实质存在着区别的多种含义。它的一般含义指拥有生产资料的商人，小生产者，亦即市民，但是马克思主义创始人在提及资产阶级革命时也往往使用这个词。这使得在一些语境中，往往将市民与资产阶级视为同一事物。

这一点，即使在马克思主义创始人那里，也未能避免。事实上，即使在《共产党宣言》中，马克思本人的用语也很容易使人将最初的雇用他人劳动的资产者与后来采用机器生产的资产者混同起来。"资产阶级的这种发展的每一个阶段，都伴随着相应的政治上的进展。它在封建主统治下是被压迫的等级，在公社里是武装的和自治的团体，在一些地方组成独立的城市共和国，在另一些地方组成君主国中的纳税的第三等级。后来，在工场手工业时期，它是等级君主国或专制君主国中同贵族抗衡的势力，而且是大君主国的主要基础。最后，从大工业和世界市场建立的时候起，它在现代的代议制国家里夺得了独占的政治统治。现代的国家政权不过是管理整个资产阶级的共同事务的委员会罢了。"[①]《共产党宣言》通常被视为马克思主义创立的标志，这里对资本家给出了历史起源的分析。但由于"bourgeois"一语可以共指资本家和市民，就使得后来的学者往往忽略了两者之间的本质区别。不过到了《资本论》写作过程中，马克思已经对小生产与大工业生产出了明确区分，同时也对日常用语上的"bourgeois"与大工业上的资本家（capitalist）作出分别。也正是在这个意义上，后来恩格斯提出了"真正的资产阶级"这个有意与同指市民的资产阶级相区分的概念。"正是这个工业革命到处都使各阶级之间的关系明朗化起来；它排除了从工场手工业时期遗留下来而在东欧甚至是从行会手工业中遗留下来的许多过渡形态，产生了真正的资产阶级和真正的大工业无产阶级，并把它们推到了社会发展的

[①] 《马克思恩格斯选集》第2卷，人民出版社，1995年，第274页。

前台。"①

我们还要看到,资产阶级在真正上升为统治阶级后,资本主义仍然承袭了民族国家的基本形式,这也容易给人造成一种印象,即资本主义生产确立以前的民族国家可能也是资本主义的功劳。市场经济——不管这种市场经济是资本主义市场经济,还是前资本主义的市场经济——所以要求民族国家,没有其他原因,只是因为在所有已经存在着的国家形式——城邦、帝国、封建割据——中,民族国家最能够保障一个统一的市场。相对于帝国而言,民族国家也同时体现了市场经济的平等精神。尽管具体的历史事件有可能扭曲市场,甚至改变社会形态,但最终而言,只要市场经济自发地扩展——不管是在前资本主义社会,还是在资本主义社会——民族国家都是它内在的必然产物。

综上所述,笔者的结论是:民族国家是市场经济的产物,而不是资本主义上升的产物。这一结论基本上没有改动斯大林民族理论的内核,而是根据马克思主义的基本原理对形成条件理论的一个重要概念做出改动。笔者认为,这一改动可以避免许多无谓的对斯大林理论的批评,也更符合民族国家的发展历史,同时也让马克思主义的论述更为完善。

第十节 经济危机

资产阶级的生产关系和交换关系,资产阶级的所有制关系,这个曾经仿佛用法术创造了如此庞大的生产资料和交换手段的现代资产阶级社会,现在像一个魔法师一样不能再支配自己用法术呼唤出来的魔鬼了。

---

① 《马克思恩格斯全集》第32卷,人民出版社,1974年,第589页。

几十年来的工业和商业的历史，只不过是现代生产力反抗现代生产关系、反抗作为资产阶级及其统治的存在条件的所有制关系的历史。只要指出在周期性的重复中越来越危及整个资产阶级社会生存的商业危机就够了。在商业危机期间，总是不仅有很大一部分制成的产品被毁灭掉，而且有很大一部分已经造成的生产力被毁灭掉。在危机期间，发生一种在过去一切时代看来都好像是荒唐现象的社会瘟疫，即生产过剩的瘟疫。社会突然发现自己回到了一时的野蛮状态，仿佛是一次饥荒、一场普遍的毁灭性战争，使社会失去了全部生活资料，仿佛是工业和商业全被毁灭了。这是什么缘故呢？因为社会上文明过度，生活资料太多，工业和商业太发达。社会所拥有的生产力已经不能再促进资产阶级文明和资产阶级所有制关系的发展；相反，生产力已经强大到这种关系所不能适应的地步，它已经受到这种关系的阻碍；而它一着手克服这种障碍，就使整个资产阶级社会陷入混乱，就使资产阶级所有制的存在受到威胁。资产阶级的关系已经太狭窄了，再容纳不了它本身所造成的财富了。资产阶级用什么办法来克服这种危机呢？一方面不得不消灭大量生产力，另一方面夺取新的市场，更加彻底地利用旧的市场。这究竟是怎样的一种办法呢？这不过是资产阶级准备更全面更猛烈的危机的办法，不过是使防止危机的手段越来越少的办法。

一、理解马克思主义对经济危机的实质观，同时比较其与资产阶级经济学对于经济危机的不同理解

马克思主义认为，经济危机爆发的根源是资本主义的基本矛盾，具体来说是生产的社会化与生产资料私人占有之间的矛盾。而经济危机的实质是旧的生产力产能过剩与供给过剩，有效需求饱和与不足。要想摆

脱经济危机，使经济复苏，需要适度增加有效需求，同时必须开发、创造新的生产力，以从根本上战胜经济危机。

有关经济危机的实质与根源，马克思认为，从本质上来看，资本主义经济危机就是生产过剩，"资产阶级生产方式包含着生产力自由发展的界限"。① 生产过剩主要有两种形式，即产品生产过剩和商品生产过剩。这两种形式的生产过剩并不是实际用于工人和资本家消费的产品生产过剩，这一过剩是相对于有消费能力需求而言的过剩。

资产阶级经济学对经济危机的理解仅仅着眼于现象层面，而未能深入资本主义的根本矛盾。这方面，典型的理论有凯恩斯的有效需求不足引发经济危机的理论。凯恩斯着眼市场组成的两个方面（即供给与需求），重点研究了有效需求的构成，从所谓"三大心理规律"（即边际消费倾向递减、资本边际效率递减和流动性偏好规律）来解释经济危机的形成。因此，他强调了资本边际效率对投资的重要作用，因而主张由政府干预经济，通过增加投资来刺激消费，以缓解资本主义有效需求不足所导致的经济萧条与周期性波动。凯恩斯的理论本质上是一种头痛医头脚痛医脚的理论，在具体做法上，只能减轻资本主义经济危机的危害，而不能从根本上克服资本主义经济危机。

马克思主义对经济危机的分析深入资本主义制度的本质。经济危机周期性爆发的根本原因是资本主义制度本身的局限性。在资本主义生产过程中，资本家不断追求剩余价值，不断压榨剥削工人，而随着资本积累的不断扩大，资本有机构成不断提高，必然会形成相对过剩人口，进一步制约工人工资的提高。所以，资本家手中的财富不断积累，而工人却越来越贫穷，贫富差距逐渐拉大，社会有效需求必然不足，生产相对

---

① 《马克思恩格斯全集》第26卷，人民出版社，1974年，第603页。

过剩的经济危机就会发生。这种经济危机是与资本主义制度相联系的不可避免的危机，一切想要在资本主义制度下解决经济危机的措施都是治标不治本的，除非资本主义的生产方式被新的生产方式所替代。

二、经济危机与资本主义经济制度如影随形

首先我们要看到，经济危机是资本主义内部固有的基本矛盾引发的结果。资本主义这种生产资料私有占有和生产社会化之间的矛盾的不可调和性，决定了只要资本主义存在，其基本矛盾就会处于不断运动中，有时激化有时缓和，从而导致经济危机的周期性暴发。经济危机的每一次发生都会使资本主义经济乃至世界经济遭受重创，是资本主义的自我否定。因此经济危机发展的最后结果必然是消灭资本主义自身，使其发展到更高层次——社会主义。

但是另一方面，我们不能因为经济危机的存在就认为资本主义会自动灭亡，从而和平长入社会主义。经济危机作为资本主义世界市场经济的特殊产物，源于资本主义本身。社会主义国家在卷入资本主义世界市场之前，并不会受到经济危机的强烈冲击。例如，世界上第一个社会主义国家苏联的经济体制在面对20世纪30年代西方经济大危机的时候展现出了无与伦比的优越性，以至吸引了许多西方经济学家的目光。经济危机的实质，是生产的社会化与生产资料私有制之间的矛盾，这是资本主义生产方式的基本矛盾，是生产相对过剩，而需求并没有达到一定层次的结果。我们可以通过一个简单例子来理解下经济危机，即在能量过剩的前提之下，用快速失衡的方式集中释放。关于经济危机，西方经济学家进行过一些研究。在凯恩斯之前有一个萨伊定律，即认为供给可以创造其自身的需求，所以市场经济中不可能存在供给大于需求的普遍性

生产过剩，也就不可能存在经济危机。这是反对国家干预的一种思想。而凯恩斯认为，是有效需求不足引发经济危机。为了解决经济危机，就必须要扩大有效需求。凯恩斯还提出了边际消费倾向递减规律、资本边际效率递减规律和流动性偏好递减规律，用以支持自己的理论。马克思主义对经济危机的论述，简单来讲就是资本家剥削工人剩余价值，拉大贫富差距，造成有效需求不足。在我的理解里，经济危机与资本主义经济制度是如影随形的关系。

第十一节　无产者

但是，资产阶级不仅锻造了置自身于死地的武器；它还产生了将要运用这种武器的人——现代的工人，即无产者。

随着资产阶级即资本的发展，无产阶级即现代工人阶级也在同一程度上得到发展，现代的工人只有当他们找到工作的时候才能生存，而且只有当他们的劳动增殖资本的时候才能找到工作。这些不得不把自己零星出卖的工人，像其他任何货物一样，也是一种商品，所以他们同样地受到竞争的一切变化、市场的一切波动的影响。

一、马克思主义与空想社会主义的根本区别

马克思主义认为，无产阶级要实现自身乃至全人类的解放的唯一途径只能是工人阶级的自觉主动的斗争。资产阶级不可能代表无产者的利益，资本主义发展越完善只会导致其固有矛盾更加激化到不可调和的地步，甚至于阻碍生产力的发展，而这种矛盾只能依靠无产阶级的革命斗

争才能得到有效解决。因此，未来社会一定是共产主义社会，而达到这个阶段的必要条件就是：无产阶级的阶级斗争。

空想社会主义者主张废除私有制，消灭阶级差别，共同劳动，平均分配产品，建立社会平等。他们看到了资本主义自身的瓦解因素，看到了阶级的对立。"这些社会主义和共产主义的著作也含有批判的成分，这些著作抨击现存社会的全部基础。因此，他们提供了启发工人觉悟的极为宝贵的材料。他们关于未来社会的积极主张，例如消灭城市和乡村的对立，消灭家庭，消灭私人经营，消灭雇佣劳动，提倡社会和谐，把国家变成纯粹的生产管理机构，——所有这些主张只是表明要消灭阶级对立，而这种阶级对立在当时刚刚开始发展，他们所知道的只是这种对立的早期的、不明显的、不确定的形式。因此，这些主张本身还带有纯粹空想的性质。"① 但他们看不到无产阶级在历史上的作用，找不到变革社会的真正力量，更是拒绝一切政治行动，指望上层阶级的改良，妄图通过和平的方式来建立自己理想中的新社会，认为无产阶级只是一个被保护的阶级。因此，这些主张带有明显的空想性质。"这些体系的发明家看到了阶级对立，看到了统治者的社会本身中的破坏因素的作用。但是，他们看不到无产阶级方面的任何历史主动性，看不到它所特有的任何政治运动"，"这些发明家也不可能看到无产阶级解放的物质条件"，②"他们拒绝一切政治行动，特别是一切革命行动"。③

二、为什么说无产者将成为资产阶级的掘墓人

首先，这里的无产者并不是指全部的无产阶级，而是特指工人阶

---

① 《马克思恩格斯文集》第2卷，人民出版社，2009年，第63页。
② 《马克思恩格斯文集》第2卷，人民出版社，2009年，第62页。
③ 《马克思恩格斯文集》第2卷，人民出版社，2009年，第63页。

级。无产阶级分为劳动者和非劳动者。劳动者就是指靠出卖自身劳动力来维持生计的工人阶级；非劳动者大多为游民、乞丐等人，他们虽然也不拥有任何生产资料，但并不劳动且有时对社会秩序还起破坏作用，常称为流氓无产阶级。

资本主义的迅速发展带来的不仅是生产力的飞速进步和资本主义制度的完善，工人阶级也得到了极大的提升，可以说工人阶级是与资产阶级共同成长的。其中最突出也是最重要的部分就是工人阶级在意识方面的提升。

由于机器生产的需要和教育的普及，工人阶级相比过去获得更多知识，素质得到了提升，他们开始意识到资产阶级对他们的剥削之深重。同时，工人阶级的诉求变多，但得不到满足，生存条件受到限制。工人阶级明明在生产方面所起的作用最大，但获得报酬却只有很少的一部分，有些工人甚至基本生活都不能保证，疾病缠身却无力医治，苦不堪言。同时，随着资本主义的发展，其生产资料私有制和生产的社会化之间的固有矛盾凸显，严重阻碍了生产力的发展，经济危机周期性爆发，社会秩序紊乱。工人阶级对资产阶级的不满情绪日益加剧，开始组织起来反抗资产阶级的剥削，要求自身的自由全面发展，而这一目标只有在工人阶级取代资产阶级成为统治阶级之后才可能达到。

因此，资本主义的发展促进了无产者的觉醒与壮大，他们最终必将推翻资产阶级的统治，成为资产阶级的掘墓人。

第十二节 机器与工人阶级的剥削

由于推广机器和分工，无产者的劳动已经失去了任何独立的性质，因而对工人也失去了任何吸引力。工人变成了机器的单纯的附属品，要求他做的只是极其简单、极其单调和极容易学会的操作。因此，花在工人身上的费用，几乎只限于维持工人生活和延续工人后代所必需的生活资料。但是，商品的价格，从而劳动的价格，是同它的生产费用相等的。因此，劳动越使人感到厌恶，工资也就越减少。不仅如此，机器越推广，分工越细致，劳动量也就越增加，这或者是由于工作时间的延长，或者是由于在一定时间内所要求的劳动的增加，机器运转的加速，等等。

现代工业已经把家长式的师傅的小作坊变成了工业资本家的大工厂。挤在工厂里的工人群众就像士兵一样被组织起来。他们是产业军的普通士兵，受着各级军士和军官的层层监视。他们不仅仅是资产阶级的、资产阶级国家的奴隶，他们每日每时都受机器、受监工，首先是受各个经营工厂的资产者本人的奴役。这种专制制度越是公开地把营利宣布为自己的最终目的，它就越是可鄙、可恨和可恶。

手的操作所要求的技巧和气力越少，换句话说，现代工业越发达，男工也就越受到女工和童工的排挤。对工人阶级来说，性别和年龄的差别再没有什么社会意义了。他们都只是劳动工具，不过因为年龄和性别的不同而需要不同的费用罢了。

一、机器取代人工的历史必然性

在这一段里,马克思集中说明了机器使得工人阶级处境变差的情况。从全文逻辑上看,无产者这一部分从无产阶级的产生开始展开,那么工人阶级因何要奋起反抗、推翻资产阶级呢?无疑是因为在资本主义的发展过程中,工人阶级生存环境急剧恶化。机器的问题、资产阶级对工人阶级的控制、童工女工的问题等等,都是工人阶级非得要革命不可的原因。

扩张是资本主义与生俱来的特点,无论是从市场还是生产的意义上。市场的扩大使得商品需求增加,相对应的生产也要扩大规模。然而工人的生产能力是有限的,劳动时间也有固定限制,这个时候科技的发展又给资本家以新的出路。对比工人,机器的投入低、产出高,机器不会累也不用休息,资本家于是选择用机器替换原本属于工人的大部分工作。

按马克思的剩余价值学说,工人的工资是由以下几部分组成的:维持工人基本生活的开支;维持家人基本生活的开支;工人的个人培训费用。而其中大部分工资用于维持工人及其家人的基本生活。机器的出现,使生产力大大提高,维持工人及其家人生活的商品价值降低,随之而来的是工人工资的下降,也就是说,当工人生产出的产品超过雇用自身的工资的这一定点时,就产生了剩余价值。机器的产生是必然的,不否认会对工人带来很大的负面影响,但在某种程度上也是人类进步的标志。发达的机器在一定程度上代替了人的劳动,而且机器的组成大多是以前旧的工具的组合。这不是一种简单的组合,这是"人支配工具"到"工具绑架人"的开始。在机器没有出现之前,人类直接使用工具受身体机能的限制,而机器的出现使一个人可以操作多台机器。

二、机器使用与工人命运的恶化

机器的使用提高了劳动生产率,大大提高了社会生产力,促进了社会历史的前进,同时对工人造成的破坏作用也是明显的。

第一,工人生存状况恶化——劳动能力的贬值和工人的过剩。为了提高利润,机器作为不变资本投入生产过程使资本在不变资本和可变资本的投入比例上发生倾斜,减少对可变资本的投入,并且机器还可代替部分工人。因此工人越来越受排挤。机器替代了工人原本的手工劳动,只剩下机械、技术含量很低的重复的流水线操作,这使得男性技术工人失去优势,更加便宜的女工和童工进入工厂取代了原来的成年男工。而这一部分被排挤出去的工人一部分直接饿死了,另一部分则被抛到劳动市场却没有固定工作,从而形成了大量的相对过剩人口。这些人口在社会中增加了供资本随意剥削的劳动力的数量,他们只能涌向比较容易进得去的工业部门,从事更低级的工作,赚取更低的工资。工人在"机器"这个死劳动的统治下处于经常波动的生存状态中,完全处于被动状态,一方面不断被机器抛出,另一方面又不断被机器吸收。"工厂工人人数的增加以投入工厂的总资本在比例上更迅速得多的增加为条件。但是这个过程只是在工业循环的涨潮中间实现,而且它还经常被技术进步所打断,这种进步有时潜在地代替工人,有时实际地排挤工人。机器生产中这种质的变化,不断地把工人逐出工厂,或者把新的补充人员的队伍拒之门外,而工场的单纯的量的扩大则不仅把被驱逐的工人吸收进来,而且还把新的人员吸收进来。"①

---

① 《马克思恩格斯全集》第23卷,人民出版社,1972年,第498页。

第二，机器生产使工作日延长。机器使劳动生产率大大提高，而追求利润最大化的资本家就会利用机器的这一优势，更多地榨取工人的剩余价值，即机器是可以一直运转的，只要使人最大限度地工作就会使产量大大增加。最终的结果就是，商品便宜、劳动力贬值、失业人数激增。

第三，机器生产带来劳动的强化。无止境、无限度的工作时间的延长终究会引起社会的强烈反应——产生了受法律限制的正常工作时间。在工作时间不受限制时，资本家往往会考虑延长工作时间而不考虑劳动强度。当法律对工作时间进行限制后，就会提高劳动强度了。资本家会在同样的时间内迫使增加劳动消耗，提高劳动力的紧张程度，使劳动凝缩到只有缩短工作时间才能达到的高度。

第四，也是最根本的，工人在这种生产环境中变成没有自主意识的"生产工具"，加剧了资产阶级和无产阶级的矛盾。恩格斯在《自然辩证法》中指出："动物仅仅通过外部自然界，简单地通过自身的存在在自然界中引起变化；而人则通过他所做出来的改变使自然界为自己的目的服务，来支配自然界，这便是人同其他动物的最终的本质的差别，而造成这一差别的又是劳动。"① 因此在正常情况下，人在劳动中自主选择对象，按自身目的和"内在尺度"进行生产，在这样自觉、自主、自为的生产活动中，主体能够从全部才能的自由发展中产生创造性的生活表现。而在机器大工业生产中，资产阶级从机器大生产中攫取巨大利益，而工人阶级在大机器的轰鸣声中逐渐失去原本就十分薄弱的力量，工人们站在流水线前机械重复劳动，已然被异化成机器的附庸。机器本身变成主体，"而工人只是作为有意识的器官与自动机的无意识的器官

---

① 《马克思恩格斯选集》第4卷，1995年，第383页。

并列"。他们在自己的劳动中"不是肯定自己，而是否定自己，不是感到幸福，而是感到不幸，不是自由地发挥自己的体力和智力，而是使自己的肉体受折磨、精神受摧残"。① 此前工人曾是技术的主人，当技术独立化，成为资本家的打手、帮凶时，他们在生产活动中失去了主体地位和主体权利，生产者不再是创造者。机器大工业压抑了工人多种多样的生活志趣和生产才能，使他们变成了某种自动劳动的工具，没有自我意识一般地存在着，工人被掏空了。值得注意的是这种情况是从人的童年时期就开始的，这不仅使他们的身体受到摧残，而且人为地造成了智力的荒废，使工人在身体上和精神上的发展在萌芽时期就被破坏了，他们从儿童时期开始便注定成为没有发展可能的人。

第五，机器大工业的发展使人成为"过时的人"。工人成了自己的劳动对象——机器的奴隶，人必须面向机器、从属于机器、服侍机器才能得以生存。在这种情况下，人的全部生活被机器所占有，人完全从属于过去的劳动——机器，人不再是一种向未来敞开的状态，而是不断地屈从于过去的死劳动——机器。正是在这个意义上，马克思才认为过去劳动对活劳动的统治"不仅成为表现在资本家和工人之间的关系上的社会真实，而且还成为可以说是工艺上的真实"。②

三、童工与女工的使用

随着工业生产技术的渐趋发达，原来工业生产中所讲究的手工技巧和单位劳动力大小所体现的重要性便不那么明显了。蒸汽和电气的力量代替了大部分的手工力量劳作，在这种情况下，工人往往只需付出难度

---

① 《马克思恩格斯全集》第42卷，人民出版社，1979年，第93页。
② 《马克思恩格斯全集》第47卷，人民出版社，1979年，第568页。

很小并且枯燥无味的体力劳动而绝非脑力劳动,在人和机器之间,人显然已成了被支配的一方。机器的出现,使男工天生所具有的劳动力优势不再明显,同样的工厂作业,女工甚至童工也能够较好地完成,更重要的是,资本家和工厂主往往可以通过支付女工和童工更低的工资获得相同的劳动价值,在这样的条件下,女工和童工这一群体就自然产生了。

工业革命时期女工与童工的使用是十分普遍的。据1851年英国一份数据统计,当时英国职业妇女约占全国劳动者的百分之三十,且童工和女工不仅做着较为轻松的纺织业,还从事着繁重的金属业和采矿业。这些女工和童工的工作时间一般在十五个小时到十八个小时,而且生产环境潮湿闷热,对于某些危险工作,他们也没有任何防护措施;但辛勤的劳作并没有换来等额的报酬,他们领着微薄的、养不活一家人的工资,有时还要承受工头的辱骂与毒打;长期生活在疾病滋生的环境里,他们的身体状况糟糕到了极点,有病却无钱治疗,只能带病工作,直到死去,当时童工和女工的平均寿命都极短。

童工在当时又分为两种(根据哈德蒙夫妇的研究),一种是自由劳工子女(有家在父母或监护人的坚持下从事劳作的儿童),另一种是教区学徒儿童(在自由劳工市场中,处于政府官员的直接管辖和监督下),相比较而言,教区学徒儿童的命运更加悲惨,至少资本家不能强迫自由劳工子女在其监护人不同意的环境下工作。

可以说,当时工业革命的成功是建立在这些人的血与泪之上的,是建立在残忍赤裸的剥削上的。从社会发展的角度来看,工业革命中大量使用童工和女工造成了深远的影响。首先,女工和童工听话,易于管理且报酬极低,长时间的劳作为资产阶级创造了巨大的剩余价值,促进了工业的发展和资产阶级的壮大。其次,女工和童工生活悲惨,妇女没有选举权和一些基本权益,儿童没有受教育权,他们被迫在环境恶劣、设施简陋的条件下超负荷工作,连最基本的生命健康权都得不到保障,这使得阶级矛盾不断被激化,也暗示着后来工人运动爆发的必然性。

第十三节 小资产阶级的破产与工人阶级的来源

以前的中间等级的下层,即小工业家、小商人和小食利者,手工业者和农民——所有这些阶级都降落到无产阶级的队伍里来了,有的是因为他们的小资本不足以经营大工业,经不起较大的资本家的竞争;有的是因为他们的手艺已经被新的生产方法弄得不值钱了。无产阶级就是这样从居民的所有阶级中得到补充的。

一、世界历史视野中的小资产阶级破产

小资产阶级是指介于资产阶级和无产阶级之间的中间阶级,例如小商人、小手工业者等,大部分小资产阶级既不剥削别人也不受人剥削。小资产阶级的地位非常不稳固,经常处于分化之中:小部分通过某些途径发财致富,逐渐上升为民族资产阶级;大部分由于大资产阶级的打压和机器等先进生产工具的普及而丧失自己的生产优势,被社会淘汰并丢失自己的生产资料,趋于贫困乃至破产,转变为无产阶级。无产阶级的主要来源有三部分:手工业者、城市贫民、由于圈地运动和产业革命而失去土地和技术优势的城乡破产失业农民。

小资产阶级破产是一个长期进程,它在英国资本主义发展早期就表现为圈地运动的"羊吃人",也就是资本的原始积累。用马克思的表述就是:

货币和商品，正如生产资料和生活资料一样，开始并不是资本。它们需要转化为资本。但是这种转化本身只有在一定的情况下才能发生，这些情况归结起来就是：两种极不相同的商品所有者必须互相对立和发生接触。一方面是货币、生产资料和生活资料的所有者，他们要购买别人的劳动力来增殖自己所占有的价值总额；另一方面是自由劳动者，自己劳动力的出卖者，也就是劳动的出卖者。自由劳动者有双重意义：他们本身既不像奴隶、农奴等等那样，直接属于生产资料之列，也不像自耕农等等那样，有生产资料属于他们，相反地，他们脱离生产资料而自由了，同生产资料分离了，失去了生产资料。商品市场的这种两极分化，造成了资本主义生产的基本条件。资本关系以劳动者和劳动实现条件的所有权之间的分离为前提。资本主义生产一旦站稳脚跟，它就不仅保持这种分离，而且以不断扩大的规模再生产这种分离。因此，创造资本关系的过程，只能是劳动者和他的劳动条件的所有权分离的过程，这个过程一方面使社会的生活资料和生产资料转化为资本，另一方面使直接生产者转化为雇佣工人。因此，所谓原始积累只不过是生产者和生产资料分离的历史过程。这个过程所以表现为"原始的"，因为它形成资本及与之相适应的生产方式的前史。

有了资本原始积累，资本在进一步的发展过程中，是通过挤占小资产阶级的市场迫使许多小资产阶级破产而实现资本主义的扩张。可以说，资本主义的扩张进程同时也就是小生产的解体过程，也就是小资产阶级的破产过程。

小生产最典型的领域是农业，其典型的制度形式就是自耕农土地所有制或者小块土地所有制。马克思指出，在资本主义生产条件下，"小块土地所有制按其性质来说就排斥社会劳动力的发展，劳动的社会形式、资本的社会积聚、大规模的畜牧和科学的不断扩大的应用。高利贷和税收制度必然会到处促使这种所有制没落。资本在土地价格上的支出，势必夺去用于耕种的资本。生产资料无止境地分散，生产者本身无止境地分享，人力发生巨大的浪费，生产条件日趋恶化和生产资料日益昂贵是小块土地所有制的必然规律"。① 恩格斯这样描述小生产的历史命运："资本主义生产形式的发展，割断了农业小生产的命脉；这种小生产正在无法挽救地走向灭亡和衰落。……资本主义的大生产将把他们那无力的过时的小生产压碎，正如火车把独轮车压碎一样是毫无问题的。"② 小生产解体的原因可以概括为两个主要方面：一个是小生产自身的封闭性与商品经济相冲突，一个是资本主义农业大生产相对于小生产的技术与经济优势。这两种原因相互支持，后者是前者的深化，它直接发挥着使小生产解体的作用，而前者是后者的基础性条件，构成小生产解体的基础性机制。

二、如何理解中产阶级的存在，它的存在是否意味着两极分化的表述并不符合实际

马克思在这段话里提到了一个概念"中间等级"，它与今天的中产阶级在社会地位上有一定程度的相似。因此了解当代中产阶级对于理解小资产阶级理论也是有益的。

---

① 《马克思恩格斯全集》第25卷下，人民出版社，1974年，第910页。
② 《马克思恩格斯选集》第4卷，人民出版社，1995年，第485页。

19世纪后期到20世纪中叶,资本主义的发展出现了两个重大变化,即所谓的"管理革命"和"技术革命"。管理革命和技术革命使得资本主义社会的社会结构出现了一个显著且重大的变化,即在资产阶级和无产阶级的两分结构之间,一个新的、主要由组织管理人员和专业技术人员组成的社会群体越来越迅速地成长起来。之所以说这是一个"新"的社会群体,是因为和"老"的中间阶级或小资产阶级不同,它是传统的被雇佣阶级发生明显分化的结果。这个群体的成员不是生产资料的占有者,大部分仍然受所有者的雇用,是和传统体力工人一样的劳动者,但他们又在很大程度上不同于传统意义上作为体力劳动者的工人阶级,他们脱离了直接生产的位置,成为穿白衬衣、黑外套的管理人员、专业技术人员和其他坐办公室的办事人员;他们不仅从事的是非体力劳动,而且往往接受所有者委托,担负着管理、监督体力工人阶级的责任;他们在社会功能、市场状况、生活方式、意识形态和社会权力等方面,都已经完全不同于传统的工人阶级;同时,他们的雇主也不再限于传统的资本家,而是包括了国家或其他社会组织。归根结底,他们不是资本家,但也不再是传统的直接生产者——工人。他们不属于资本主义社会传统的两个阶级——资产阶级、工人阶级以及小资产阶级,但他们又处在原有的阶级关系结构之中(赖特曾经称他们身处"矛盾阶级位置"),由此,他们被通俗地称为"中产阶级"。

从社会现象来看,中产阶级的"生理需求,安全需求"得到满足,且中等层次的"感情需求和尊重需求"也得到了较好满足,但不及追求高层次的"自我实现需求"的阶级。由于家庭是社会的细胞,且大部分人的财富是以家庭为单位拥有的,所以中产阶级主要由"中产家庭"组成。

中产阶级大多从事脑力劳动,或技术基础的体力劳动,主要靠工资及薪金谋生，一般受过良好教育，具有专业知识和较强的职业能力及相应的家庭消费能力，有一定的闲暇，追求生活质量，对其劳动、工作对象一般也拥有一定的管理权和支配权。

中产阶级虽然相对于无产阶级来说各方面的需求能够得到更好的满足，生活状况也不像无产阶级那样举步维艰，但他们仍然不占有或很少占有生产资料，他们实质上只是有一定财产的"无产阶级"。中产阶级靠工资谋生，依然在工厂或者办公室为资本家工作，受资本家指挥，虽说已经开始进行脑力劳动，但资本家依然在无偿地占有他们的剩余价值，他们的劳动力价值仍没有得到相对应的报酬。中产阶级与无产阶级不断地为资本家进行生产活动，他们的剩余价值发挥得淋漓尽致，这样的结果只会使资本家获得更多财富，让他们的生产规模进一步扩大，使两极分化现象进一步加剧。

中产阶级的出现不仅与教育的普及、对人才需求的多样化等有关，也与无产阶级的反抗密不可分。

资本主义掌握统治地位后，极力扩大生产规模，想尽一切办法来延长他们的绝对剩余劳动时间和相对剩余劳动时间，无产阶级受的压迫更加沉重，他们无法再正常地生活下去。再加上教育的普及，无产阶级的意识开始觉醒，他们开始为了自身的利益进行罢工、游行等形式的反抗，这些都动摇着资产阶级的统治，使资产阶级不得不向无产阶级妥协。工人工资得到一定程度的提高，各种社会保障制度也开始建立起来。同时许多劳动者开始接受教育，有能力承担更高级别的工作。这就逐渐形成了中产阶级，但中产阶级其实只是资产阶级为了巩固自身统治、攫取更大利益而采取的一系列措施的结果，是资本家用来麻痹无产阶级，使他们更心甘情愿地为资本家进行生产的幌子。在资本主义统治的条件下，这个阶级壮大的结果只会进一步巩固资产阶级的统治，扩大资本主义生产规模，使无产阶级受到更进一步的压迫。

第十四节　工人阶级的联合问题

无产阶级经历了各个不同的发展阶段。它反对资产阶级的斗争是和它的存在同时开始的。最初是单个的工人，然后是某一工厂的工人，然后是某一地方的某一劳动部门的工人，同直接剥削他们的单个资产者作斗争。他们不仅仅攻击资产阶级的生产关系，而且攻击生产工具本身，他们毁坏那些来竞争的外国商品，捣毁机器，烧毁工厂，力图恢复已经失去的中世纪工人的地位。

在这个阶段上，工人是分散在全国各地并为竞争所分裂的群众。工人的大规模集结，还不是他们自己联合的结果，而是资产阶级联合的结果，当时资产阶级为了达到自己的政治目的必须而且暂时还能够把整个无产阶级发动起来。因此，在这个阶段上，无产者不是同自己的敌人作斗争，而是同自己的敌人的敌人作斗争，即同专制君主制的残余、地主、非工业资产者和小资产者作斗争。因此，整个历史运动都集中在资产阶级手里，在这种条件下取得的每一个胜利都是资产阶级的胜利。

但是，随着工业的发展，无产阶级不仅人数增加了，而且结合成更大的集体，它的力量日益增长，而且它越来越感觉到自己的力量。机器使劳动的差别越来越小，使工资几乎到处都降到同样低的水平，因而无产阶级内部的利益、生活状况也越来越趋于一致。资产者彼此间日益加剧的竞争以及由此引起的商业危机，使工人的工资越来越不稳定。机器的日益迅速的和继续不断的改良，使工人的整个生活地位越来越没有保障，单个工人和单个资产者之间的冲突越来越具有两个阶级的冲突的性质。工人开始成立反对资产者的同盟，他们联合起来保卫自己的工资。他们甚至建立了经常性的团体，以便为可能发生的反抗准备食品。有些地方，斗争爆发为起义。

工人有时也得到胜利，但这种胜利只是暂时的。他们斗争的真正成果并不是直接取得的成功，而是工人的越来越扩大的联合。这种联合由于大工业所造成的日益发达的交通工具而得到发展，这种交通工具把各地的工人彼此联系起来。只要有了这种联系，就能把许多性质相同的地方性的斗争汇合成全国性的斗争，汇合成阶级斗争。而一切阶级斗争都是政治斗争。中世纪的市民靠乡间小道需要几百年才能达到的联合，现代的无产者利用铁路只要几年就可以达到了。

无产者组织成为阶级，从而组织成为政党这件事，不断地由于工人的自相竞争而受到破坏。但是，这种组织总是重新产生，并且一次比一次更强大、更坚固、更有力。它利用资产阶级内部的分裂，迫使他们用法律形式承认工人的个别利益。英国的十小时工作日法案就是一个例子。

一、知识背景：卢德运动

早期的工人运动以英国的卢德运动为代表，它是英国工人以破坏机器为手段反对工厂主压迫和剥削的自发工人运动。相传，莱斯特郡一个名叫卢德的工人，为抗议工厂主的压迫，第一个捣毁织袜机，故工人抗争被称为卢德运动。

工业革命时期，机器生产逐渐排斥手工劳动使大批手工业者破产，工人失业，工资下跌。当时工人把机器视为贫困的根源，把捣毁机器作为反对企业主，争取改善劳动条件的手段。卢德运动有极严厉的组织纪律，透露内部机密的人会受到严重的处罚。1811年初卢德运动开始形成高潮，其中心是诺丁汉郡。1811年，诺丁汉郡的袜商不顾行业规矩，生产一种劣质长筒袜，压低袜子价格，严重冲击了织袜工人的正常收入。一些织工秘密组织起来，以"路德将军"的名义捣毁商人的织袜机。1812年，英国国会通过《保障治安法案》，动用军警对付工人。1813年政府颁布《捣毁机器惩治法》，规定可用死刑惩治破坏机器的工人。1813年在约克郡绞死和流放破坏机器者多人。1814年企业主又成立了侦缉机器破坏者协会，残酷迫害工人。但运动仍继续蔓延，直到1816年这类运动仍时有发生。

二、奥尔森的诘难与当代马克思主义者的反驳[①]

理解本段的论述，不妨了解当代理性选择理论在工人阶级集体行动理论上的一个争议，这对于我们理解工人阶级有组织的反抗有一定的帮助。工人阶级能够集体行动吗？这似乎是一个不言而喻的问题，但在坚持理性人假设的学者看来，这构成了一个极端重要的研究主题。乔恩·埃尔斯特就曾经说过，在社会科学中，再没有比解释人们为什么会合作——比如参加集体行动——更重要的问题了。[②] 这个问题的形式表述源于曼瑟尔·奥尔森（Mancur Olson）的《集体行动的逻辑》，该书与詹姆斯·布坎南等人的著作一道，奠定了公共选择理论、新政治经济分析的理论基石。

令人感兴趣的是，奥尔森在该书中对马克思的理论进行了质疑，认

[①] 原文发表在《当代世界与社会主义》2010年第4期。
[②] Jon Elster, *Making Sense of Marx*, Cambridge, London, etc: Cambridge University Press, 1985, p.366.

为马克思在这个问题上的逻辑存在着内在的悖谬。奥尔森的诘难随后在马克思主义研究界引发了一场你来我往辩驳的学术公案,构成了一个不大不小的议题。

(一) 奥尔森的诘难

在《集体行动的逻辑》一开篇,奥尔森就指出,许多理论认为,有共同利益的个人所组成的集团必然会为其共同利益而行事,这其中自然包括了马克思主义阶级斗争理论。奥尔森认为,这些理论想当然地以为,集团会采取行动,但事实上相反,"除非一个集团中人数很少,或者除非存在强制或其他某些特殊手段以使个人按照他们的共同利益行事,有理性的、寻求自我利益的个人不会采取行动以实现他们共同的或集团的利益"。① 在这里,奥尔森提出了集体行动分析的一个核心概念:搭便车(free-ride)。大集团所以比小集团更难以实现集体行动,是因为许多人存在着搭便车的动机。正是搭便车,使得共同利益与集体行动之间产生了鸿沟。

奥尔森所批评的对象非常广泛,包括社会学和政治学众多学者所使用的集团理论。而这其中马克思作为被批评的对象尤其突出。奥尔森引用《共产党宣言》的一段:"资产阶级它使人和人之间除了赤裸裸的利害关系,除了冷酷无情的'现金交易',就再也没有任何别的联系了。它把宗教的虔诚、骑士的热忱、小市民的伤感这些情感的神圣激发,淹没在利己主义打算的冰水之中",来说明马克思认为"阶级是自私的,个人也是自私的"。② 有些学者以没有出现马克思所预期的阶级斗争来

---

① [美]曼瑟尔·奥尔森:《集体行动的逻辑》,陈郁、郭宇峰、李崇新译,上海三联书店、上海人民出版社,1995年,第2页。
② [美]曼瑟尔·奥尔森:《集体行动的逻辑》,陈郁、郭宇峰、李崇新译,上海三联书店、上海人民出版社,1995年,第126页。

批评马克思高估了理性行为的力量,而奥尔森不这么看,相反认为原因恰恰就在于这种理性主义动机。可想而知,既然工人是理性的,那么凭什么工人会参加阶级斗争这样的集体行动呢?因为,对于一个理性的工人来说,阶级斗争固然于他有利,但最有利的莫过于别人去斗争,而他却坐享斗争成果。而一旦有工人做如是想,就不难推断,大多数工人都会如是想。于是理性的工人虽然渴望阶级斗争成功,但却不会参加这一集体行动。而马克思却断言,工人阶级的阶级斗争会导致"工人的越来越扩大的联合"。① 至此,在奥尔森看来,马克思陷入了一个两难境地:如果坚持理性人的假定,那么逻辑上就不会有越来越扩大的阶级斗争;而如果坚信一定会发生大规模的阶级斗争,就必须在这个问题上改变理性人的假定。因此,"问题的症结就是,马克思关于社会阶级的理论与其假设的追求个人利益的理性、自私的行为不相一致"。②

当然,奥尔森并不否认,在集体行动方面,非理性因素也能够发挥作用。但具体到马克思的理论而言,他似乎很少留意非理性的、冲动的阶级觉悟对于工人阶级集体行动的影响。而且,如果马克思真的强调非理性因素在集体行动中的作用,那么,他就得强调个人为了整个阶级的集体利益而作出牺牲,实现个人利益的升华。问题是,一旦工人愿意这样做,在逻辑上,我们不能避免资本家也有同样的放弃个人私利而为整个阶级利益服务的可能。于是,"他将不得不说,个体资本家为了增进阶级利益可以无私地放弃个人利益。但是正如前面解释的,这不是马克思的立场"。③ 最后,奥尔森断定:"许多证据都表明,马克思提出的理

---

① 《马克思恩格斯选集》第1卷,人民出版社,1995年,第281页。
② [美]曼瑟尔·奥尔森:《集体行动的逻辑》,陈郁、郭宇峰、李崇新译,上海三联书店、上海人民出版社,1995年,第130页。
③ [美]曼瑟尔·奥尔森:《集体行动的逻辑》,陈郁、郭宇峰、李崇新译,上海三联书店、上海人民出版社,1995年,第131页。

论是建立在理性、功利主义的个人行为之上的。如果是这样的话，这一理论就是自相矛盾的。但即使马克思考虑的真是非理性的感情行为，他的理论仍然不完善，因为很难相信非理性行为能够为人类历史中的所有社会变革提供动力。"①

奥尔森的诘难大抵如此，而其中最核心的概念就是搭便车问题。在其论著出版之初，其影响主要限于公共选择理论。公共选择理论早期的主要学者都不是信奉或研究马克思主义的，有些甚至时不时批评马克思主义或社会主义，比如詹姆斯·布坎南。② 因此，在一段时间内，这一诘难并未引发讨论。到了20世纪80年代，随着阿伦·布坎南《马克思与正义》的出版，引发了对于集体行动与理性问题上的热议。不少马克思主义者或马克思的研究者对奥尔森的诘难作出回应。大抵来说，存在着两种思路，一种是从理性与集体行动的理论分析，探讨什么情况下工人阶级会参加集体行动直至革命，这以乔恩·埃尔斯特的《理解马克思》最具有代表性；另一种思路则偏重对马克思的文本解读，澄清奥尔森以及其他分析马克思主义者的误解，这以萨比亚为代表。③ 下面笔者分别介绍埃尔斯特和萨比亚的观点，来探讨理性选择马克思主义的得失。

（二）埃尔斯特的机制分析

埃尔斯特认为，阶级意识往往采取"团结"（solidarity）的形式。比如集体谈判就是阶级意识的表现。他利用搭便车这一概念来界定阶级

---

① [美] 曼瑟尔·奥尔森：《集体行动的逻辑》，陈郁、郭宇峰、李崇新译，上海三联书店、上海人民出版社，1995年，第131页。
② [美] 詹姆斯·布坎南：《自由、市场与国家》，吴良健译，北京经济学院出版社，1988年，第1章。
③ Daniel R. Sabia, "Rationality, Collective Action, and Karl Marx," *American Journal of Political Science*, 1988, vol. 32, p. 50—71.

意识。"阶级意识是克服搭便车问题实现阶级利益的能力。"① 在什么情况下,工人阶级具备这种能力呢?埃尔斯特从两个方面入手分析:集体行动的认识条件以及影响参与集体行动动机的变量。其中前者是直接因素,后者是间接因素。

认识条件的因素有:(1)阶级成员认识到自身在因果关系中的位置以及对立阶级是谁。正如毛泽东在探讨中国革命时首先就提出的问题:"谁是我们的敌人?谁是我们的朋友?这个问题是革命的首要问题。"而要工人阶级的普通成员认识到自身受剥削的根本原因,需要知识分子的教育以及工人阶级领袖的引导。(2)个人参与集体行动的得失计算,从预期效用角度来衡量,存在三个变量:合作收益(gain from cooperation),"所有人参与集体行动带来的收益与没有人参加的情况下的收益之差";搭便车收益(free-ride gain),指"别人参与集体行动而我不参与情形下的收益与所有人包含我在内参与时的收益之差",以及单边行动损失(loss from unilateralism),指"我参与集体行动而其他人不参与集体行动情况下的成本与损失与没有人(包括我在内)参加的成本与损失之差"。② 通常情况下,集体行动具有搭便车收益大或单边行动损失大的特征,这就带来了如何克服它们的问题。(3)贫穷或苦难是集体行动的源泉。苦难的作用在于减少单边行动损失。"无产者在这个革命中失去的只是锁链。"③ (4)相对福利水平。相对福利水平容易导致对另一个阶级的憎恨,并且在改善福利的期望下参加行动。

---

① Jon Elster, *Making Sense of Marx*, Cambridge, London, etc: Cambridge University Press, 1985, p. 347.
② Jon Elster, *Making Sense of Marx*, Cambridge, London, etc: Cambridge University Press, 1985, p. 351—352.
③ 《马克思恩格斯选集》第 1 卷,人民出版社,1995 年,第 307 页。

影响动机的变量有群体规模、群体成员的距离、群体成员的出席率、群体同质程度、集体行动的技术。(1) 奥尔森认为群体规模越大,搭便车的收益也越大,但埃尔斯特指出,群体规模同时也影响惩罚风险,一般来说,群体规模越大,单边行动损失也降低,两相权衡,相对中型群体规模采取集体行动的概率最高。(2) 群体成员之间越接近,就越有利于集体行动。(3) 交通技术有两个方面的作用,它一方面将群体成员拉近,从而有利于阶级意识的形成;另一方面它促进人员的流动,从而削弱了阶级意识。因此交通技术中等程度的发展能最大限度地促进工人的团结。(4) 阶级成员的文化异质程度也是集体行动的障碍;(5) 集体行动技术指集体行动总投入与总产出的函数关系,这里存在几种可能:一是它是一种阶梯函数,在没有达到临界值前,边际产出为零,而超过临界值,边际投入又是多余,艾伦·布坎南认为这是一种对集体行动的恰当模型。① 一为凹函数,初始贡献小,而后来的贡献愈来愈有效;一为凸函数,早期贡献大于后期贡献,比如第一次绝食罢工可能影响很大,但第二次媒体的关注度就降低了。埃尔斯特认为这几种关系都存在。

集体行动的组织问题是一个典型的囚徒困境,一方面当别人合作,而我不合作时,搭便车收益是正的;另一方面,别人不合作,而我参与时将带来较大的单边行动损失。因此,不管其他人如何选择,我选择不参与对自己都是有利的。将这一逻辑运用到所有人,集体行动将是不可能的。埃尔斯特指出,这种囚徒困境只有在如下前提下才是成立的:(1) 博弈只进行一次就结束;(2) 参与人仅仅依据矩阵中的支付而行动;(3) 他们完全理性。但是,现实中存在着各种突破这些前提的情

---

① Allen Buchanan, *Marx and Justice*, London: Methuen, 1982, p.89.

形，因此就有可能出现集体行动。① 这些情况至少包括：

重复博弈。行业协会中的资本家或企业中的工人将长期互动，因此有可能选择针锋相对的策略。在这种情况下，搭便车收益将不会诱致参与人背离集体行动。当然这也存在着局限性，比如最后一次，大家就没有合作的必要，而以此倒推，有些人可能最开始就拒绝合作。因此，单单重复博弈还不够，还有其他因素。

行动者彼此联系，容易观察别人并且知道自己也被人观察，这就产生了行动的外部性。这种外部性的表现有：如果行动者背弃的话，他将自责，这样他减少了搭便车收益，但仍然未减轻单边行动损失；行动者为他人争取利益而获得一些正效用；行动者认同平等……所有这些，都减少了搭便车收益，但并不影响他的单边行动损失。在这种情况下，将容易形成这样的策略，即我不主动发起集体行动，但当所有人或绝大多数人都参与的时候，我才参与。

但仍然存在着集体行动失败的因素：比如信息条件未得到满足，或者说行动者动机不是如此；不是所有阶级成员都会关心阶级内部的其他人。一般来说，剥削阶级相比较被剥削阶级更少对本阶级成员富有同情心。另外，过多的互动有时会导致彼此的敌意而不是团结，也就是说负外部性。埃尔斯特认为，资本家之间的集体行动主要是依赖重复博弈，而工人阶级的集体行动则更依赖效用函数的外部性。但无论如何，到目前为止，对于个人来说，参与集体行动并不是一个占优的策略。大家都是有条件的合作者，那么在什么情况下，人们会出现即使别人没有行动自己也乐意主动发起集体行动的动机呢？也就是说，出现了无条件的合

---

① Jon Elster, *Making Sense of Marx*, Cambridge, London, etc: Cambridge University Press, 1985, p. 360.

作者。这里有两个因素：（1）该人依据伦理观念而不是收益计算而行动；（2）个人从参与行动本身中获益，也就是说"过程收益"（in-process benefits）。[1]

这种无条件的合作的作用在于激励其他人参与进来，比如存在5%的无条件合作者，他们最先采取行动，然后吸引了另外10%的参与者，后者只要有5%的参与率就会参加行动，如此就有了15%的参与者。随后又吸引了30%的行动者，这批人只要看到15%的参与率就会参与行动。如此类推下去，这种滚雪球的效应将导致大规模的集体行动。这里，只要对于最初的少部分人来说，他们的单边行动损失为零，那么他们的主动参与就会将其他观望者的单边行动损失降低。

至此，埃尔斯特根据理性选择理论细致地解释了集体行动的内在逻辑，并且解释了工人阶级的集体行动往往比资产阶级的集体行动更容易达成的原因。至少从集体行动内在机制的角度来看，这种机制是合情合理的。根据这一机制，埃尔斯特对奥尔森的选择性激励提出了批评。他认为，选择性激励是对背弃者的惩罚和对跟从者的奖赏，这对于既有集体行动的维持是有意义的，但不足以解释集体行动的发生。相比较之下，领导比选择性激励更有价值，因为它具有协调行动、传播信息和引导民众态度的作用。

总之，埃尔斯特从理论上对奥尔森给予了有力的回击，阐明工人阶级的集体行动何以可能，而这种可能并不像奥尔森所说的需要一种非理性，并且也不是奥尔森所强调的选择性激励，从而证明，总体上而言，马克思的理论逻辑存在着一致性，或者基本一致的理论内核。但是，埃尔斯特对马克思的论述也不乏微词。马克思认为工会是工人团结的工

---

[1] Jon Elster, *Making Sense of Marx*, Cambridge, London, etc: Cambridge University Press, 1985, p. 364.

具,埃氏则认为这是一种逻辑上的"副产品谬误";马克思强调工会的最终目标是推动政治革命,埃氏则认为马克思犯了"目的论谬误"。①

(三)萨比亚的文本解读

至少从理性选择的理论来看,埃尔斯特综合分析了马克思主义在这个问题上的研究成果,并从机制的理论分析层面上解决了工人阶级的集体行动如何可能的问题。但是,这并不意味着他的分析符合马克思本人的看法。虽然埃尔斯特在论述过程中,也曾不时引用马克思的论断,但这与其说深得马克思的本义,毋宁说是一种"六经注我"的做法。萨比亚认为,即使是埃尔斯特——遑论奥尔森——对马克思的工人阶级集体行动的微观机制问题上的看法也充满误解。因此,有必要重新梳理和还原马克思在这个问题上的真实学说。

在许多地方,马克思区分了自在的阶级与自为的阶级,两者的差别在于工人阶级是否意识到自身的整体利益。奥尔森的批评在于,即使工人阶级意识到了自身的利益,也不足以形成集体行动,因为这里存在着搭便车问题。所以,奥尔森认为马克思的理论存在着自身的矛盾。萨比亚指出,马克思对这个问题虽然没有予以理论上的深入探讨,但并不意味着马克思对此没有认识到。事实上,马克思认为工人阶级的斗争是发展的,有阶段性的。《共产党宣言》在这个问题上的论述是明确的。"首先是单个的工人,然后是某一工厂的工人,然后是某一地方的某一劳动部门的工人,同直接剥削他们的单个资产者做斗争。""但是随着工业的发展,无产阶级不仅人数增加了,而且它结合成更大的集体……工人开始成立反对资产者的同盟。"工人的斗争导致"工人的越来越大

---

① Jon Elster, *Making Sense of Marx*, Cambridge, London, etc: Cambridge University Press, 1985, p. 368—369.

的联合",并"把许多性质相同的地方性的斗争汇合成全国性的斗争,汇合成阶级斗争"。这样"无产阶级组织成为阶级,从而组织成为政党……"。① 萨比亚根据《共产党宣言》有关工人阶级形成的基本逻辑,并综合马克思在其他地方的论述,将工人阶级集体行动的形成过程区分为三个阶段。

第一阶段,地方工人群体的出现。形成地方工人群体的因素有三种:工人阶级的集中化、同质化和启蒙。城市和工厂的集体让无产阶级加强了力量;同质化,表现为"越来越均等化"。而启蒙则部分源于资产阶级的教育,部分源于工人阶级领袖对于团结必要性的强调。这样,无产阶级群体以及无产阶级共识就顺理成章地出现了。② 这里,马克思和恩格斯并不像奥尔森所误解的那样,认为有共识就自然会导致大规模集体行动,因为地方工会还需要有赖于改善了的交通工具而联合起来,并最终发展为一个政党。而这里的一个关键因素就是各地方工人群体之间的互动。工人的联合"由于大工业所造成的日益发达的交通工具而得到发展,这种交通工具把各地的工人彼此联系起来。只要有了这种联系,就能把许多性质相同的地方性的斗争汇合成全国性的斗争,汇合成阶级斗争"。③ 与之相对照的是,正是因为缺乏这种联系,法国农民仅仅不过像是一堆土豆,而无法形成阶级。

第二阶段,亦即阶级行动的第一阶段。在这一时期,同一阶级的共识发展到这一地步,即工人阶级具有共同利益和共同问题,并面临着只能通过集体行动来解决这一共同问题的局面。这里存在着两个重要变

---

① 《马克思恩格斯选集》第 1 卷,人民出版社,1995 年,第 280—281 页。
② Daniel R. Sabia, "Rationality, Collective Action, and Karl Marx," *American Journal of Political Science*, 1988, vol. 32, p. 53.
③ 《马克思恩格斯选集》第 1 卷,人民出版社,1995 年,第 281 页。

量：（1）小规模的工人群体中存在多重稳定而长期的联系。这里工人群体首先意识到集体行动的必要（比如罢工或组成工会），而他们所面临的共同问题是持久的，并且因为小规模群体内的工人之间的联系非常紧密，这样他们就能够组织起来。（2）从小规模的工人群体发展到大规模的阶级组织，这一过程中的关键变量是小规模群体通过长期的斗争而学到了"传统"。小规模群体内自利个人之间的合作模式逐渐演变成传统，这样新成员进来后，也将遵守这些传统，并且若不遵守传统，将受到惩罚。"传统所以得到尊重，因为遵从它符合我们的利益。有了传统，我们就可以预期其他人的行为，而我有了这样的预期，如果我们不遵守传统，我们将付出不遵从而带来的代价。"① 这种在小规模群体中产生的传统也能应用到大规模的群体。因此，马克思认为，早期阶级"斗争的真正成果并不是直接取得的成功，而是工人的越来越扩大的联合"。②

第三阶段，阶级斗争的第二阶段，这时工人阶级不仅仅停留在前面这一阶段的自利行动，而且发展成一种团结意识。在马克思的语境中，团结意识意味着对个人身份的自我认同，它构成了大规模集体行动成败的关键变量。在资本主义世界中，所有人都淹留在"利己主义打算的冰水"之中，工人也不例外。但这并不表明马克思认为利己主义是普遍的——或者是自然的——倾向。这只是资产阶级倾向的虚幻意识。人是有社会性的，这种社会性在资本主义社会就诞生于工人的联合之中。"劳动者在有计划地同别人共同工作中，摆脱了他的个人局限，并发挥出他的种属能力。"③ 显然，马克思决不会认为，革命将由那些原子式

---

① Russell Hardin, *Collective Action*, Urbana: University of Illinois Press, 1982, p. 275.
② 《马克思恩格斯选集》第 1 卷，人民出版社，1995 年，第 281 页。
③ 《资本论》第 1 卷，人民出版社，1975 年，第 366 页。

的自利个人来执行,而是由联合起来的工人组织为应付共同问题并改变共同命运而实施行动。可见,阶级的团结感将为阶级革命提供动机,这种团结意识将出现于阶级斗争、阶级共同文化和意识形态的灌输。在《哲学的贫困》中,马克思指出:"同盟总是具有双重目的:消灭工人之间的竞争,以便同心协力地同资本家为了压制工人而逐渐联合起来,原来孤立的同盟就组成为集团,而且在经常联合的资本面前,对于工人来说,维护自己的联盟,就比维护工资更为重要。"① 此外,马克思还赞扬过工会是社会主义的学校,工人在其中教育自身并成为社会主义者。而一旦工人获得了团结意识,集体行动所存在的囚徒困境就转变成确信博弈,集体行动的发生也就顺理成章了。

这里,萨比亚对埃尔斯特的理论提出了部分批评。他认为埃尔斯特虽然正确地强调了领导的作用,但对于工人领袖的动机却置之不问;另外,对于工人群体规模扩大所导致的阶级斗争问题也没有考虑。萨比亚认为,工人领袖为团结意识所驱动,在小规模群体里发动工人运动,但他本人是一个理性的风险承担者,因此将小规模群体内的工人运动发展成大规模的革命运动。马克思虽然并没有用现代的理性选择的术语来表达这个问题,但其散见各处的论述基本上是符合这一逻辑的。②

萨比亚的结论是,即使工人个体是自利的,在地方层次的阶级行动仍然是可能的,而阶级斗争的发展将诞生出工人阶级强烈的团结感和工人运动的传统,并最终引发大规模的革命运动。因此,马克思的阶级理论在逻辑上是一致的,不存在奥尔森所谓的内在悖谬。尽管欧美的工业化历史存在着不利于阶级行动的因素,比如工厂的分散化,地位、工资

---

① 《马克思恩格斯选集》第 1 卷,人民出版社,1995 年,第 193 页。
② Daniel R. Sabia, "Rationality, Collective Action, and Karl Marx," *American Journal of Political Science*, 1988, vol. 32, p. 65.

和种族的差异化，但都不足以削弱无产阶级大规模集体行动的一般可能性，历史上多次出现的大规模罢工和革命就是马克思主义理论的最好注脚。

第十五节 "两个必然"

资产阶级生存和统治的根本条件，是财富在私人手里的积累，是资本的形成和增殖，资本的条件是雇佣劳动。雇佣劳动完全是建立在工人的自相竞争之上的。资产阶级无意中造成而又无力抵抗的工业进步，使工人通过结社而达到的革命联合代替了他们由于竞争而造成的分散状态。于是，随着大工业的发展，资产阶级赖以生产和占有产品的基础本身也就从它的脚下被挖掉了。它首先生产的是它自身的掘墓人。资产阶级的灭亡和无产阶级的胜利是同样不可避免的。

一、"两个必然"与"两个决不会"

马克思、恩格斯指出："资产阶级的灭亡和无产阶级的胜利是同样不可避免的"，这个命题被称为"两个必然"。有时人们也将"资本主义必然灭亡，社会主义必然胜利"称为"两个必然"。虽然这两个表述略有差别，但其内涵是一致的。

马克思在1859年写的《〈政治经济学批判〉序言》中提出"无论哪一个社会形态，在它所能容纳的全部生产力发挥出来以前，是决不会灭亡的；而新的更高的生产关系，在它的物质存在条件在旧社会的胎胞里成熟以前，是决不会出现的"（简称"两个决不会"）这一重要思想。

将"两个必然"与"两个决不会"结合起来看,有助于我们理解马克思主义对于资本主义的历史命运的判断,一方面资本主义必然灭亡,这是人类历史发展的必然规律;另一方面,这并不是一个可以简单地主观就能够加速社会发展的进程。因此,脱离现有的历史阶段,而指望跑步进入共产主义是不对的。

二、坚定共产主义的理想信念

共产主义是人类历史发展的必然。科学社会主义的创始人马克思、恩格斯在《宣言》中写道:"共产党人的理论原理,决不是以这个或那个世界改革家所发明或发现的思想、原则为根据的。"这句话充分表明共产主义作为一种理论是具有真理性的。他们运用历史唯物主义原理,科学地分析了人类社会发展的历史过程,指出社会发展过程总是呈现由低到高、由简单到复杂的规律,资本主义就是作为其中的一个发展阶段而产生的,"是生产方式和交换方式的一系列变革的产物"。

共产主义的实现是社会历史发展的规律,但这并不意味着它可以一下子实现。相反,共产主义的实现是一个需要很长时间的过程。马克思、恩格斯认为,社会主义最终代替资本主义归根结底是由生产力发展水平决定的,这是一个长期、复杂的过程。但是,不管资本主义怎样发展,最终都必然会被社会主义所替代。社会主义国家的大学生,应该不要停留在短暂的经济社会现象上,而要从整个社会的发展态势和结构性规律的角度去认识这个世界。"不畏浮云遮望眼,只缘身在最高层"。只有深刻理解了马克思主义有关"两个必然"基本规律的思想,坚定共产主义的理想信念,才能确立正确的世界观、社会观和价值观,并投入为人民服务的伟大事业中去。

第三章

无产者和共产党人

第一节　共产党的性质

共产党人不是同其他工人政党相对立的特殊政党。

他们没有任何同整个无产阶级的利益不同的利益。

他们不提出任何特殊的原则，用以塑造无产阶级的运动。

共产党人同其他无产阶级政党不同的地方只是：一方面，在无产者不同的民族的斗争中，共产党人强调和坚持整个无产阶级共同的不分民族的利益；另一方面，在无产阶级和资产阶级的斗争所经历的各个发展阶段上，共产党人始终代表整个运动的利益。

因此，在实践方面，共产党人是各国工人政党中最坚决的、始终起推动作用的部分，在理论方面，他们胜过其余无产阶级群众的地方在于他们了解无产阶级运动的条件、进程和一般结果。

<<< 第三章　无产者和共产党人

一、共产党是无产阶级中最先进的部分

在这一段话里，马克思和恩格斯界定了共产党的性质，它们是工人阶级的政党，他们的利益是与整个无产阶级利益相同的，没有自己的特殊利益。

但是，工人阶级也存在着其他政党，那么共产党与其他无产阶级政党的区别有哪些呢？一个是它的国际主义，它并不是局限于某个地域、某个行业、或某个国家的无产阶级政党；另一个是它的共产主义纲领，而不仅仅局限于当前的利益。换句话说，共产党将局部利益与整体利益结合起来，同时又将短期利益和长远利益结合起来。由于这两个基本特征，决定了共产党在实践方面的革命性及指导思想上的科学性。

二、列宁的无产阶级政党学说

列宁继承并全面发展了马克思的无产阶级政党理论。学习列宁的无产阶级政党学说，有助于我们加深对《共产党宣言》中有关共产党性质的论述的理解。

列宁的无产阶级政党学说主要体现在《怎么办（我们运动中的迫切问题）》《进一步，退两步（我们党内的危机）》《社会民主党在民主革命中的两种策略》《唯物主义和经验批判主义》等著作中，其主要思想是：第一，新型无产阶级政党必须坚持以革命的理论为指导。在俄国党内，轻视理论和理论水平低的现象普遍存在，甚至还有人通过曲解马克思的名言"一步实际运动比一打纲领更重要"来贬低理论的重要性。列宁驳斥了这种说法，并提出了一句名言："没有革命的理论，就不会有革命的运动。"而革命的理论不会自发进入工人运动中，需要不

断从外部进行"灌输"以指导无产阶级革命。第二,新型无产阶级政党必须是有组织的无产阶级的先进部队。列宁强调:"无产阶级在争取政权的斗争中,除了组织,没有别的武器。"无产阶级政党不同于一般的阶级,它必须是工人阶级中有组织的先进部队,是无产阶级组织的最高形式。第三,新型无产阶级政党必须按民主集中制原则组织起来。列宁提出了民主集中制原则,主张的是民主制和集中制的有机统一,他强调要"实行彻底的集中制和坚决扩大党组织内的民主制"。列宁提出民主制与集中制的统一,既是在秘密状态下建党的需要,也是着眼于克服党内软弱涣散状态、保证党的凝聚力战斗力和生机活力的需要。第四,新型无产阶级政党必须开展合乎党章的党内斗争以维护党的团结统一。第五,新型无产阶级政党必须做到严明党纪和批评自由相统一。列宁认为,在党纲的原则范围内,同志式的批评和讨论应当是完全自由的。但他同时强调,必须严明党的纪律,讨论和批评自由必须在遵循党的重大路线和既定政治行动一致的基础上进行,当路线和行动确定后,批评、"妄议"和"鼓动"是破坏纪律的行为。第六,新型无产阶级政党必须保持肌体健康、消除党内政治生活中的不正常现象。第七,新型无产阶级政党必须制定并实行正确的战略和策略。无产阶级政党要领导无产阶级一切组织开展一切形式的斗争,而要实现这种领导,除了正确的理论和纲领,更重要的是要制定并实行正确的战略和策略。第八,新型无产阶级政党必须保持与广大群众特别是与本阶级群众的密切联系。列宁指出,党不是密谋小集团,在一定时期内强调党的秘密性和集中制,是因为在沙皇专制制度下需要将党的领导权集中到少数职业革命家手中,但是斗争的秘密性和权力的集中性并不意味着要脱离群众,相反,应该与广大群众保持密切联系。列宁强调:"不组织群众,无产阶级就一事无成。"

第二节　消灭私有制

共产主义的特征并不是要废除一般的所有制，而是要废除资产阶级的所有制。

但是，现代的资产阶级私有制是建立在阶级对立上面、建立在一些人对另一些人的剥削上面的产品生产和占有的最后而又最完备的表现。

从这个意义上说，共产党人可以把自己的理论概括为一句话：消灭私有制。

一、"消灭私有制"是一个长期的历史进程

"消灭私有制"与共产主义运动有着密不可分的联系，是流淌在共产党人身体中的血液和基因。

首先，"消灭私有制"是一个必然的历史趋势。"消灭私有制"是历史唯物主义和剩余价值学说的必然结论。社会分工的加深使得生产越来越具有社会的性质。没有人能够独立而完整地提供一件产品，所有产品都是由无数人经过许多环节流程而共同生产出来的。生产力的这种社会性质，客观上要求由社会占有生产资料。但在资本主义条件下，生产资料的资产阶级私有制妨碍了这种客观要求的实现。生产社会性与私人资本主义占有之间的矛盾就成为资本主义的基本矛盾。这个矛盾是资本主义社会一切弊病的总根子。为了解决这个矛盾，必须用生产资料公有制取代资本主义私有制。社会主义革命就是一个生产资料公有制取代资本主义私有制的过程。

还要看到，即使在资本主义国家，也或多或少存在着公有制的因素。比如北欧国家的高福利制度就蕴含着一定程度的公有制因素。马克思、恩格斯在《共产党宣言》里，把"征收高额累进税""对所有儿童实行公共的和免费的教育"当成那个时代"消灭私有制"的一个重要措施。北欧国家的高福利制度部分实现了马克思和恩格斯的呼吁。它表明，即使在资本主义制度下，随着生产力的发展，公有制因素也或多或少不以资本家的意志为转移而得以体现出来。因此，我们有充分的理由相信，从世界历史的角度来看，"消灭私有制"是一个必然的历史趋势。

其次，"消灭私有制"是一个长期的进程。消灭私有制不可能一蹴而就。恩格斯指出，"正像不能一下子就把现有的生产力扩大到实行财产公有所必要的程度一样"，"只有创造了所必需的大量生产资料之后，才能废除私有制"。这一论述非常重要，它时刻提醒我们，共产党人决不能不顾条件，片面地追求一大二公，否则就会造成破坏性的后果。

最后，消灭私有制是共产党人必须牢记的使命。私有制是一切阶级、阶级对立的存在条件。消灭了私有制，也就消除了产生阶级和阶级对立的条件，消除了产生剥削和压迫等社会不平等现象的根源。也只有消灭私有制，人类最崇高的社会理想才能实现。

二、中国共产党"消灭私有制"的伟大实践

中国共产党人不负使命，在消灭私有制方面取得了伟大的成就，积累了丰富的经验，正确理解中国共产党的历史实践，将有助于树立我们的道路自信和制度自信。

第一，"消灭私有制"是激励中国共产党领导革命的重要理想。

《共产党宣言》激励着毛泽东、周恩来、刘少奇等中国共产党的领袖投身到革命运动中去，建立一个人人平等、没有压迫的社会。可以说，正是在"消灭私有制"这个伟大理想的激励下，中国共产党人百折不挠，浴血奋战，最终夺取全国政权，彻底改变了中国人民的命运。

第二，"三大改造"是中国共产党"消灭私有制"的历史性贡献。三大改造指中华人民共和国建立初期，中国共产党在全国范围内组织的对于农业、资本主义工商业和手工业进行的社会主义改造。中国的社会主义改造实现了把生产资料私有制转变为社会主义公有制的任务。正如毛泽东同志所指出的："农业和手工业由个体的所有制变为社会主义的集体所有制，私营工商业由资本主义所有制变为社会主义所有制，必然使生产力大大地获得解放。这样就为大大地发展工业和农业的生产创造了社会条件。"

第三，确立中国特色社会主义基本经济制度的世界性贡献。以公有制为主体、多种所有制经济共同发展，是我们党在改革开放的实践探索中逐渐形成并最终确立起来的中国特色社会主义基本经济制度。从所有制的角度来看，中国改革可以视为一种为公有制寻求适合中国国情的实现形式的展开过程，是"消灭私有制"这一基本命题在改革开放时代的呈现与推进。这里必须承认的是，我们的基本经济制度蕴含了"私有制"的因素，这是社会主义初级阶段的必然要求。

从世界历史的角度来看，社会主义基本经济制度既坚持了公有制为主体这一社会主义基本原则，又容纳了一定的私有因素；既保障了广大人民的生存权和发展权，又激发了人们在市场经济中追求合法利益的积极性，这是一个伟大的创举，是对于人类文明的一个重大贡献。

第三节　资本是一种社会力量

做一个资本家，这就是说，他在生产中不仅占有一种纯粹个人的地位，而且占有一种社会的地位。资本是集体的产物，它只有通过社会许多成员的共同活动，而且归根到底只有通过社会全体成员的共同活动，才能运动起来。

因此，资本不是一种个人力量，而是一种社会力量。

因此，把资本变为公共的、属于社会全体成员的财产，这并不是把个人财产变为社会财产。这里所改变的只是财产的社会性质。它将失掉它的阶级性质。

现在，我们来看看雇佣劳动。

雇佣劳动的平均价格是最低限度的工资，即工人为维持其工人的生活所必需的生活资料的数额。因此，雇佣工人靠自己的劳动所占有的东西，只够勉强维持他的生命的再生产。我们决不打算消灭这种供直接生命再生产用的劳动产品的个人占有，这种占有并不会留下任何剩余的东西使人们有可能支配别人的劳动。我们要消灭的只是这种占有的可怜的性质，在这种占有下，工人仅仅为增殖资本而活着，只有在统治阶级的利益需要他活着的时候才能活着。

在资产阶级社会里，活的劳动只是增殖已经积累起来的劳动的一种手段。在共产主义社会里，已经积累起来的劳动只是扩大、丰富和提高工人的生活的一种手段。

因此，在资产阶级社会里是过去支配现在，在共产主义社会里是现在支配过去。在资产阶级社会里,资本具有独立性和个性,而活动着的个人却没有独立性和个性。

一、资本为什么是社会力量

资本是用于投资得到利润的本金和财产,是人类创造物质和精神财富的各种社会经济资源的总称。

资本之所以能够增殖,能带来剩余价值,关键是它处在无休止的运动中,不断地从流通领域进入生产领域,再由生产领域进入流通领域,资本这种不间断的运动是资本取得价值增殖的必要前提和条件,一旦停止运动,资本就不能增值。

而资本的这种运动必须借助工人阶级的生产活动才能实现。社会大众购买商品,资本家将所获收入投入生产,经过工厂工人的生产活动将资本变成另一件新商品。因此,资本是集体的产物,它应该是一种社会力量。

二、如何理解资本主义社会的"过去"支配"现在"

过去和现在都是时间观念。在上面的论述中马克思提到一个概念是"活的劳动",我们不妨引出一个"死的劳动"的概念。在资产阶级社会里,工人的活的劳动创造出的价值仅有小部分作为劳动报酬给了他们,绝大部分财富最终都进入了资本家的私囊,换句话说,这些财富就从工人的"活的劳动"转变成为资本积累的"死的劳动"。

丈量工人劳动的往往是其工作时间。这就又出现了"死的时间"即"过去","活的时间"即"现在"。长久以来,资产者把控游戏法则,用过去掌控、把握、盘剥现在,而无产者要做的就是把这种状况扭转过来,用现在支配过去,使其劳动的成果服务于自身。

因此过去支配现在只是资产阶级剥削工人的一种哲学表达,它是对于资产阶级私有制的一种哲学批判。

第四节　个性、独立性和自由

而资产阶级却把消灭这种关系说成是消灭个性和自由!说对了。的确,正是要消灭资产者的个性、独立性和自由。

在现今的资产阶级生产关系的范围内,所谓自由就是自由贸易、自由买卖。

但是,买卖一消失,自由买卖也会消失。关于自由买卖的言论,也像我们的资产者的其他一切关于自由的大话一样,仅仅对于不自由的买卖来说,对于中世纪被奴役的市民来说,才是有意义的,而对于共产主义要消灭买卖、消灭资产阶级生产关系和资产阶级本身这一点来说,却是毫无意义的。

我们要消灭私有制,你们就惊慌起来。但是,在你们的现存社会里,私有财产对十分之九的成员来说已经被消灭了,这种私有制之所以存在,正是因为私有财产对十分之九的成员来说已经不存在。可见,你们责备我们,是说我们要消灭那种以社会上的绝大多数人没有财产为必要条件的所有制。

总而言之,你们责备我们,是说我们要消灭你们的那种所有制。的确,我们是要这样做的。

从劳动不再能变为资本、货币、地租,一句话,不再能变为可以垄断的社会力量的时候起,就是说,从个人财产不再能变为资产阶级财产的时候起,你们说,个性被消灭了。

由此可见,你们是承认,你们所理解的个性,不外是资产者、资产阶级私有者。这样的个性确实应当被消灭。

一、资产阶级自由的本质

资本主义的自由是私有制的自由,也就是资本的自由。资本主义社会中的自由都是建立在欲望之上的,一个人可以通过一定方面的努力,获得权力和地位,再利用这些东西自由地去选择自己想要的事物。看起来是不错的,按劳分配,自食其力。但从根本上来看,这不过是在自身被压迫剥削后的一点绵薄的回报罢了,而自己将用这点绵薄的回报去压迫另外一些人。这当然不是真正意义上的自由,而只不过是将人变成充满欲望的工具,你想要的越多,你受到的剥削也就越多。人是欲望的奴隶,屈从于欲望之下。本段论述深刻指出,资产阶级及其思想家不承认资产阶级以外的自由,把自由抽象化、一般化,把他们一个阶级的自由说成为所有人的自由,这毫无疑问是虚假的,是片面的。他们不是从现实的、具体的人出发去考虑自由,他们所说的自由是贸易的自由和竞争的自由。而对于个性,我们可以从"由此可见,你们是承认,你们所理解的个性,不外是资产者、资产阶级私有者"这句话中看出,资产阶级所说的个性不外乎是他们阶级的个性,而并不是人的个性。

二、在共产主义社会里的"自由"是怎样的

尽管共产主义社会尚未实现,但在理论上,马克思对共产主义自由进行了初步的探讨,我们可以从马克思和恩格斯的论述中梳理出其主要

的看法。

从1844年开始马克思就确立了这样一种思想：自由应该是不受私有制和分工强制的自觉选择的劳动行为，而这种自由的复归只有到共产主义社会才能实现。劳动自由是马克思理解共产主义的一个核心维度，这个观点一直伴随着马克思之后的整个思想探索历程。1845年的《德意志意识形态》是马克思思想走向成熟的标志，在新的历史唯物主义视野中，马克思没有放弃克服强制分工的自由劳动这个核心思想，而是将历史唯物主义作为这个思想的一种新的叙事方式："而在共产主义社会里，任何人都没有特定的活动范围，每个人都可以在任何部门内发展，社会调节着整个生产，因而使我有可能随我自己的心愿今天干这事，明天干那事，上午打猎，下午捕鱼，傍晚从事畜牧，晚饭后从事批判，但并不因此就使我成为一个猎人、渔夫、牧人或批判者。"① 到了1848年《共产党宣言》里，马克思宣称共产主义"将是这样一个联合体，在那里，每个人的自由发展是一切人的自由发展的条件"。② 在1857年的《政治经济学批判序言》中，这个思想又得到了进一步的发展。马克思提出了人从"人的依赖关系"到"人对物的依赖关系"再到"自由个性"发展的历史进步，而最后一个阶段，人的自由全面发展就是共产主义。在《资本论》中他强调，共产主义时代，工人生产的工厂是自由人的联合体。在晚年的《哥达纲领批判》中他指出，即使是按劳分配，人依然是不自由的，人只被当作劳动者看待，而不被当作一个完整的人看待，当劳动还具有强制性意义的时候，人就是不自由的。要解决人的全面自由问题，核心是强制分工和劳动强迫性的消除。要解决这个问题还是要实现共产主义："在共产主义社会高级阶段上，

---

① 《马克思恩格斯全集》第3卷，人民出版社，1960年，第37页。
② 《马克思恩格斯选集》第1卷，人民出版社，1972年，第273页。

在迫使人们奴隶般地服从分工的情形已经消失,从而脑力劳动和体力劳动的对立也随之消失之后;在劳动已经不仅仅是谋生的手段,而且本身成了生活的第一需要之后;在随着个人的全面发展生产力也增长起来,而集体财富的一切源泉都充分涌流之后,——只有在那个时候,才能完全超出资产阶级法权的狭隘眼界,社会才能在自己的旗帜上写上:各尽所能,按需分配!"①

资本主义自由从本质上来说就是基于人与人法律关系平等上的竞争自由。这种自由实现的只是一种对物的依赖性的自由,而马克思主义自由观是建立在人与人之间平等占有生产资料基础上的实质的自由,虽然这种自由在社会主义初级阶段还有一定的局限性,但最终指向的将是每个人自由而全面的发展。

综上所述,社会主义的自由是以每个人的全面发展为基础的,"人不是由于有逃避某种事物的消极力量,是由于有表现本身的真正个性的积极力量才得到自由","生产者只有占有生产资料之后才能获得自由"。因此,社会主义的自由并不一般地抽象地谈论自由,而是将人的自由之获得和人的解放牢牢地建立在物质资料占有的基础上,将人类社会的合目的性与合规律性紧密地结合起来。

正如佩弗所认为的,"尽管卡尔·波普尔在许多问题上都误解了马克思,但我认为他下面的这席话完全说到点子上了:'马克思对资本主义的谴责根本就是一种道德谴责。这一制度受到谴责……是因为它通过迫使剥削者奴役被剥削者,而将这两种人的自由都给剥夺了。马克思不反对财富,也不赞美贫穷。他憎恶资本主义,不是因为它积累财富,而是由于它寡头垄断的特征;他憎恶它,是因为在这一制度中,财富意味

---

① 《马克思恩格斯全集》第19卷,人民出版社,1963年,第22页。

着凌驾于人之上的政治权力。劳动力被当作商品,这意味着,人必须在市场上出卖自身。马克思憎恶这一制度,是因为它与奴隶制类似。'"①因此,剥削对于资本主义来说并不是什么自由,所谓的自由只不过是诱导人们屈从于剥削的幌子罢了。"我是什么和我能够做什么,决不是由我的个人特征决定的。……因为……凡是我作为人所不能做到的,也就是我个人的一切本质力量所不能做到的,我凭借货币都能做到。"② 马克思警告人们说:"不要受自由这个抽象字眼的蒙蔽!"③

第五节　观念与阶级

有人反驳说,私有制一消灭,一切活动就会停止,懒惰之风就会兴起。

这样说来,资产阶级社会早就应该因懒惰而灭亡了,因为在这个社会里劳者不获,获者不劳。所有这些顾虑,都可以归结为这样一个同义反复:一旦没有资本,也就不再有雇佣劳动了。

所有这些对共产主义的物质产品的占有方式和生产方式的责备,也被扩展到精神产品的占有和生产方面。正如阶级的所有制的终止在资产者看来是生产本身的终止一样,阶级的教育的终止在他们看来就等于一切教育的终止。

资产者唯恐失去的那种教育,对绝大多数人来说是把人训练成

---

① [美] R.G. 佩弗:《马克思主义、道德与社会正义》,吕梁山等译,高等教育出版社,2010年,第177页。
② 《马克思恩格斯全集》第42卷,人民出版社,1979年,第154页。
③ 《马克思恩格斯选集》第1卷,人民出版社,1996年,第227页。

机器。

但是，你们既然用你们资产阶级关于自由、教育、法等等的观念来衡量废除资产阶级所有制的主张，那就请你们不要同我们争论了。你们的观念本身是资产阶级的生产关系和所有制关系的产物，正像你们的法不过是被奉为法律的你们这个阶级的意志一样，而这种意志的内容是由你们这个阶级的物质生活条件来决定的。

你们的利己观念使你们把自己的生产关系和所有制关系从历史的、在生产过程中是暂时的关系变成永恒的自然规律和理性规律，这种利己观念是你们和一切灭亡了的统治阶级所共有的。谈到古代所有制的时候你们所能理解的，谈到封建所有制的时候你们所能理解的，一谈到资产阶级所有制你们就再也不能理解了。

一、共产党人"懒惰"吗

将共产主义思想批评为懒惰、不劳而获是资产阶级污蔑共产主义的一种常见伎俩。它广泛流传于各种鼓吹私有制的学说和日常言论之中。虽然马克思并未在此处确切指出这种观念的理论形式，但是，我们不难在马克思之后的各种资产阶级思想中找到其表达。

比如马克斯·韦伯认为资本主义精神的一个重要内涵就是节俭、勤奋和无休止的积累；而罗伯特·诺齐克认为，平等思想的根源是忌妒。至于宣传性地批评"共产"的动机就是不劳而获，就更多了。可以说，"懒惰"已经成为资产阶级批判共产主义的一个常用借口。

这种借口当然是不成立的。正如马克思所说的，资本主义社会中两极分化，其中劳者不获，获者不劳是非常普遍的现象。后来，凡勃伦也指出过，在资本主义社会中，有闲阶级有意用不用做事来炫耀其身份地位。甚至于，故意着装那种不切实际的服装，从而向其他人证明自己不用劳动的地位。因此，与其说共产主义者追求懒惰，毋宁说，资本主义的动机才是追求不劳而获的懒惰之风。

二、阶级和观念之间的关系

本段论述反驳资产阶级本身以及资产阶级观念存在的合理性，马克思站在更高的人类理想上，对资产阶级赖以生存的观念进行揭露，甚至运用资产阶级的逻辑指出资产阶级观念本身所带有的矛盾性。

观念，相比于涵括自然生命的人生观和价值观，它的范围要小些，我们或许可以把它理解为某个人对某件事的看法，更准确地说，它可以被理解为一种逻辑形式或思维方式，比如说我们今天所谈的精英思维、平民思维、商业逻辑等。一个人固定思维逻辑的形成从出生开始就受家庭影响。但由于人是社会的产物，因此每个人思维方式和逻辑形式的养成更多受到了社会影响。社会自然包括个人所处的国家体制、经济制度、民族文化等，涉及经济、政治、文化的方方面面。多数普通人，只要他们在当前的社会环境中能够获得一定的生存发展条件，就会自然而然地养成与这个社会相匹配的思维逻辑，并服从于这个社会从诞生之初就运行的逻辑，我们也可以称之为世界规则。而另外一部分人，他们持久地、大量地运用这种逻辑并且极大地受益于此，实际上成为其所处社会的实权者或统治者，这样一来，他们一直以来的逻辑形式和思维方式就更根深蒂固了。

第六节 消灭家庭

消灭家庭！连极端的激进派也对共产党人的这种可耻的意图表示愤慨。

现代的、资产阶级的家庭是建立在什么基础上的呢？是建立在资本上面，建立在私人发财上面的。这种家庭只是在资产阶级那里才以充分发展的形式存在着，而无产者的被迫独居和公开的卖淫则是它的补充。

资产者的家庭自然会随着它的这种补充的消失而消失，两者都要随着资本的消失而消失。

你们是责备我们要消灭父母对子女的剥削吗？我们承认这种罪状。但是，你们说，我们用社会教育代替家庭教育，就是要消灭人们最亲密的关系。

而你们的教育不也是由社会决定的吗？不也是由你们进行教育时所处的那种社会关系决定的吗？不也是由社会通过学校等等进行的直接的或间接的干涉决定的吗？共产党人并没有发明社会对教育的作用，他们仅仅是要改变这种作用的性质，要使教育摆脱统治阶级的影响。

无产者的一切家庭联系越是由于大工业的发展而被破坏，他们的子女越是由于这种发展而被变成单纯的商品和劳动工具，资产阶级关于家庭和教育、关于父母和子女的亲密关系的空话就越是令人作呕。

一、家庭的历史进程

在最早的原始社会中，个人是生活在氏族和部落之中的。随着私有制的产生和阶级的分化,原始社会的部落解体,个体主要是生活在家庭(或者家族)之中,而其安全保护则由国家来承担。发展到当代,传统的家族已经湮没,基本上不具有法律上的地位。家庭成为个体最重要的身份,而国家则构成另一种个体不可回避的共同体。在家庭与国家之间,存在着各种各样的社会组织,但是只有家庭与国家才能够称得上命运共同体。值得注意的是,国家能够决定家庭的人身所有权的安排——当然,从终极的意义上看,国家也是所有个人在有关家庭等人身所有权问题上所表达出来的集体人身所有权。

早期的国家可能对于家庭内部所有的事务一概不理,而且赋予家长以绝对的权威,家长甚至可以决定内部成员的生死。秦汉时期,家长若杀死自己的子女或奴仆,他人一般是无权过问的。但反过来,子女或奴仆杀死家长,显然不容于法律。这说明,此时并不存在前文所述的家庭共产主义,家庭成员各自的人身权利并不对等。家庭类似于一种首领制度的等级制群体。随着人权观念的演进,家庭成员的不平等程度有所减轻,如家长对于家庭成员的生杀大权被国家所剥夺,但不平等的人身权利仍然是传统家庭的基本格局。在财产方面的处置权基本上由男性家长所把持,女性则只能有一点点私房钱,并只能在少数事情比如家务上具有一定的权利。此外还要看到,男性家长去世之后,家族可以限制乃至剥夺寡妇在家庭财产和事务方面的权利。①

进入现代社会之后,传统的家族逐渐解体。"资产阶级在它已经取得了统治的地方把一切封建的、宗法的和田园诗般的关系都破坏了。它无情地斩断了把人们束缚于天然尊长的形形色色的封建羁绊,它使人和人之间除了赤裸裸的利害关系,除了冷酷无情的'现金交易'就再也

---

① [美]白凯:《中国的妇女和财产:960—1949》,上海书店出版社,2003年。

没有任何别的联系了。"① 家庭共产主义逐渐取得了如本文所述的基本形式，家庭成员实现了大体上对等的共同人身所有权。当然，这个过程并非直线的直接实现妇女解放运动所期望的婚姻自由。一个很重要的问题就是鲁迅所提出来的，娜拉出走以后，怎么办？事实上，虽然结婚自由离婚自由被写进了婚姻法，但由于收入差距的扩大与阶级的分化，女性尤其是贫穷女性往往受到不平等的对待。与此同时，法律实践中对于家庭的保护——亦即对于家庭共同人身所有权的承认——反而要比以前更多，一个重要的表现就是国家对于家庭养育孩子赡养老人的税务的减免。

马克思主义的终极目标是共产主义社会，那里不存在私有制，因此也同样不存在家庭。在许多人看来，家庭共产主义是冷冰冰的市场经济中一个温暖的庇护所，因此我们到处可以看到各式各样对于家庭的颂歌。从社会变迁的角度来看，家庭共产主义也是阶级再生产的一个环节。当财富分化程度日益加剧，阶级跃迁日益困难的时候，一个人的出生在很大程度上决定了他未来的命运。"无产者的一切家庭联系越是由于大工业的发展而被破坏，他们的子女越是由于这种发展而被变成单纯的商品和劳动工具，资产阶级关于家庭和教育、关于父母和子女的亲密关系的空话就越是令人作呕。"② 马克思、恩格斯之所以对这种家庭颂歌持批判态度，因为资产阶级或小资产阶级歌颂家庭的背后，是无产阶级无力成家或者无产阶级家庭成为一种被剥削对象的残酷现实。当代许多国家通过房产税、遗产税等手段来限制巨额财产的代际传承，这在诺奇克看来，是对个体的自我所有权的侵犯。但这恰恰证明，在个体、家

---

① 《马克思恩格斯选集》第1卷，人民出版社，2012年，第401—402页。
② 《马克思恩格斯选集》第1卷，人民出版社，2012年，第418页。

庭乃至所有社会事务中，国家这个全社会人民的共同人身所有权的主体，是所有权利的来源。只有国家消灭，家庭才有可能消灭。当两者都不复存在的时候，我们才有可能真正实现这样的一个联合体："每个人的自由发展是一切人的自由发展的条件"。

二、家庭的社会化

马克思被政敌指责："用社会教育取代家庭教育"。这一指责涉及当代家庭的许多功能逐渐社会化的一个突出现象。

现代福利国家的一个重要特征就是国家介入原来由家庭共同所承担的权利与义务，比如义务教育、养老等问题。换句话说，孩子不仅仅是一个家庭的孩子，同时这也是全社会的孩子；老人不仅仅是一个家庭的老人，同时也是全社会的老人：社会承认国家整体对于孩子和老人的人身所有权。在这里，国家共同人身所有权得以凸显出来。此外，家庭的人身所有权还受到国家层面的制约。比如，直至今天的过去几十年里，中国家庭的生育权受到国家层面的限制，这说明国家共同人身所有权的强有力存在。当然，国家共同人身所有权并不是今天才有的，历史上婚配权和生育权也曾受到国家的强力干预，比如中国历史上许多王朝建政之初为鼓励生育而强制妇女婚配。这说明，家庭在生育问题上的人身所有权从来就不是一种天赋的自然权利，它是国家所赋予的权利。某种具体的权利存在与否，这取决于当时形式上作为共同人身所有权的国家意志。

在教育问题上，社会教育取代家庭教育的趋势尤其明显。古代社会中，教育是一种私人产品，每个家庭承担其子女教育的费用。而进入现代社会以来，免费义务教育已经成为当代国家的一种标配。不仅仅教育费用由家庭转向社会承担,而且教育的内容也极大地受到了国家政策的影响。长期来看,家庭的社会化是一个非常显著的现象。

第七节　婚姻问题

资产者是把自己的妻子看作单纯的生产工具的。他们听说生产工具将要公共使用,自然就不能不想到妇女也会遭到同样的命运。

他们想也没有想到,问题正在于使妇女不再处于单纯生产工具的地位。

其实,我们的资产者装得道貌岸然,对所谓的共产党人的正式公妻制表示惊讶,那是再可笑不过了。公妻制无需共产党人来实行,它差不多是一向就有的。

我们的资产者不以他们的无产者的妻子和女儿受他们支配为满足,正式的卖淫更不必说了,他们还以互相诱奸妻子为最大的享乐。

资产阶级的婚姻实际上是公妻制。人们至多只能责备共产党人,说他们想用正式的、公开的公妻制来代替伪善地掩蔽着的公妻制。其实,不言而喻,随着现在的生产关系的消灭,从这种关系中产生的公妻制,即正式的和非正式的卖淫,也就消失了。

一、公妻制问题

整部《共产党宣言》,如果说有一部分内容最容易引起大家误读的话,那么这部分内容就非关于公妻制的论述莫属了。为什么资产阶级会责备共产党人要实行公妻制呢?难道共产主义理论真的是主张实行公妻制吗？马克思和恩格斯对这一问题到底怎么看呢？面对这种疑问时，有一点必须首要明确的是马克思和恩格斯显然不可能糊涂到这种程度，居然相信并大力倡导公妻制。尤其是马克思认为"社会的进步可以用女性的社会地位来精确衡量"。① 总不能把公妻制的实行认为是根本解放妇女吧？那样的话妇女不是依然处于单纯的生产工具的地位吗？如果是这样的话，还谈什么妇女解放不解放呢？马克思在《1844年经济学哲学手稿》中明确批判了公妻制："人们可以说，公妻制这种思想暴露了这个完全粗陋的和无思想的共产主义的秘密。"② 这里所说的"粗陋的和无思想的共产主义"主要是指法国大革命时期的巴贝夫主义。问题是，为什么当马克思和恩格斯在19世纪上半叶为共产主义奋斗疾呼的时候，资产阶级的代言人依然会指责他们意在实行公妻制呢？

要明白这一问题的由来，我们必须追溯到西方文明的源头之一——古希腊文明。在谈到古希腊文明的时候，一般的读者都知道有"希腊三哲"——苏格拉底、柏拉图、亚里士多德，这三人都是古希腊大哲学家，在西方社会有着广泛的影响，可以说，他们在相当大的程度上塑造了西方人的思维模式和精神面貌。其中，柏拉图在《理想国》中描绘了自己心目中的美好社会或者说理想城邦，柏拉图的这一描述常常被后世的西方学者认定为是一个共产主义社会，有些学者甚至称柏拉图为最早提倡并论证了共产主义的思想家。柏拉图设想，为了组织起一个良好的政体，"这些女人应该归这些男人共有，任何人都不得与任何人组成一夫一妻的小家庭"。可能正是由于柏拉图的学说在西方世界所产生的持久而深远的影响，所以当人们听到共产党人正在呼吁消灭私有财产的时候，很自然的在柏拉图那里找到一些相似的地方，于是，柏拉图学

---

① 《马克思恩格斯选集》第4卷，人民出版社，1972年，第586页。
② 《马克思恩格斯全集》第42卷，人民出版社，1979年，第118页。

说中最不容易为后人所理解的妻子共有的观点便被顺手套在共产党人的头上，以便通过这种方式来达到诋毁共产党人的目的。马克思和恩格斯在谈论原始社会氏族部落的公有财产制度时，一般将其称之为"氏族公社"或"原始共产主义"，以区别于他们自己所提出的共产主义，而且即便是说到"原始共产主义"，他们也主要是着眼于当时原始部落所实行的公有制度，而并不是什么妻子公有制度。

马克思和恩格斯也做出了应有的辩驳。他们的反驳主要是从理论层面和现实经验层面这两个方面来进行的：第一，从理论上看，资产阶级本身是把妻子看作单纯受自己支配生产工具的，因此，当他们说共产党人要将生产工具作为共同财产要供给大家共同使用的时候，就认为共产党人要把妻子也公共化了。马克思和恩格斯指出，要打破这种荒唐的指责，关键就在于全面提升妇女的地位，使广大的妇女不再处于单纯的生产工具的地位。从这种意义上来讲，马克思和恩格斯当之无愧地成为19世纪西方社会妇女解放运动的先驱者。第二，从现实经验的层面上看，虽然资产阶级伪装得道貌岸然，对所谓的公妻制表现的惊讶与愤慨，其实他们根本没必要这样，因为资产阶级的婚姻实际上就是公妻制。为了论证这一点，马克思和恩格斯列举出了以下流行于资本主义社会中的现象：正式的和非正式的卖淫、对无产阶级的妻子和儿女的支配以及以互相诱奸妻子为最大的享乐，所有这些都说明公妻制在资本主义社会当中差不多是一向就有的。无产阶级在消灭了现代资本主义的生产关系和生产资料所有制之后，从这种关系中所产生的公妻制就消失了。因此，问题不是共产党人要实行公妻制，取而代之的将是妇女的解放和男女之间真正的平等。

二、当代婚姻的实质：基于共同人身所有权的命运共同体①

婚姻构成一个命运共同体，其中双方彼此直接拥有了对方的身体，具有了部分的人身所有权。这种相互的人身所有权是家庭构成命运共同体的基本依据，因此可以说，家庭是一种基于共同人身所有权的命运共同体。家庭的共同人身所有权是相对的，存在着一定的限度，其限度就来自个体的自我所有权。绝对的共同人身所有权意味着：配偶中的一方可以限制另一个人的行动，同时也受到对方的限制；一方可以任意处置对方的身体以及与身体有关的活动和资产，比如施加暴力，强制某种行为，对方也拥有同样的权利；一方有权知悉对方所有的信息，自己也同样没有任何隐私和自主空间。相对的家庭共同人身所有权则有别于此，其中每个人对配偶的行为有一定的约束，比如反对婚外性关系，使用另一方的劳动收入和财产收益，等等。但是个体可以拒绝家庭中的暴力，对于自己反对且不知情的配偶的债务可以拒绝承担，同时也有一定权利保持自己的隐私或个人空间。

家庭中的个人仍然拥有他或她的自我所有权，这种自我所有权的内核并未被婚姻所击碎，但或多或少，自我所有权已经受到了一定程度的限制和削弱。很难在家庭的共同人身所有权与家庭中个体的自我所有权之间划出明确的界限，不同的国家、不同的家庭中，这种界限的具体位置又是不同的。有的家庭，夫妻各自管理各自的收入，仅仅是在共同支出中才进行商量；也有的家庭所有的收入归其中一人支配，另一人仅仅只得到零用钱的支配权。有的家庭中，一方对另一方的婚外性关系不可容忍，但也有家庭对于婚外性关系更为宽容。这也意味着，家庭中的自

---

① 原文发表在《探索与争鸣》2019年第12期。

<<< 第三章　无产者和共产党人

我所有权与共同人身所有权是相互嵌置的，共同人身所有权的范围受到两个自我所有权的主体的共同约定，同时，共同人身所有权在限制了个体的自我所有权的同时，又通过个体的行动来表现出来。一个具有独立意志的个体行动，既是其自我所有权的权利表示，往往同时又代表了其家庭的共同人身所有权，向家庭所有成员负责。这种共同人身所有权与自我所有权相互嵌置的情形，是一个家庭创造幸福的源泉，同时也是各种家庭矛盾的权利纠纷根源。

从这个角度来看，我们来理解结婚、离婚和死亡，这一婚姻产生或者解体的重大事件。

结婚是独立的两个个体之间的自由结合，意味着一个新家庭的诞生。从人身所有权的角度来看，它意味着两个人决定共同让渡自己的人身所有权，从而形成一种集体性的共同人身所有权。这里需要阐明三个问题：第一，婚姻的实质并不是爱情，而是对各自身体及其相应的财产的相互占有。爱情本身可能是许多人走入婚姻的原因，但爱情并不是婚姻的依据。① 婚姻意味着两个人彼此承认，对方对于自己的人身拥有某种程度的所有权，可以享受自己的劳动成果。这显然不是爱情所能够涵盖的。康德将婚姻视为配偶双方对性器官的相互占有，其逻辑是：每个人都有性冲动。一个人想使用另一个异性的性器官并进而占有后者的身体，其唯一合乎道德的做法就是让对方也同样有权使用自己的性器官以及自己的身体。由于身体是自我不可分割的组成部分，这也意味着双方都承认对方对于自己的人身所有权。而婚姻意味着两个人彼此可以长期

---

① 恩格斯就是这样的明显事例，他与其伴侣共同生活多年，但并未结婚。当然，这并不是说爱情在婚姻中并不重要，而是在哲学上，应当将婚姻还原至人身所有权。正如黑格尔所指出的："爱情是对自身统一的一种感觉。"（《法哲学原理》，范扬、张企泰译，商务印书馆，1961年，第175页）这里的"自身统一"其体现于当代家庭的权利，就是一种共同人身所有权。

拥有对方整个人，这其中包含对对方身体的所有权。因此婚姻确保了两个人彼此拥有对方的身体，从而可以使用对方的性器官。① 康德的理论一定程度上触及了婚姻的重要内容，但由于过于重视贞节观念，并且在性问题上喋喋不休，因此被当代许多论者不屑。如果我们将康德的论述扩展至一般意义上的人身所有权问题，就不难看出康德的不足：家庭的共同人身所有权中更为重要的内容是财产共产主义；并且家庭中新生的孩子也对于家庭成员的人身所有权及其相应的财产权也拥有同样的权利。

第二，是为什么人身所有权是可以让渡的。美国《独立宣言》宣称"人人生而平等，造物者赋予他们若干不可让渡的权利②，其中包括生命权、自由权和追求幸福的权利"。但彻底的自由至上主义者则坚持，如果禁止让渡某些权利，事实上意味着消灭了这些权利，说明了自我所有权并不存在，这才是真正对个人生命与自由权的侵犯。其结论应当是，任何法律不得禁止或者限制个人出售他所拥有的事物，每个人都将自己的人身权利商品化，并且出售给他人，包括爱情、道德责任、尊严，只要个人是自愿的，他可以卖身为奴，甚至献出生命。论人身所有权的可让渡性的文献通常所举的议题是劳动法、拘禁等问题。但是，结

---

① Immanuel Kant, *Lectures on Ethics*, Trans. L. Infield, New York: Harper and Row, 1969, pp.166—167. 看上去，这种观念要比婚姻的爱情观要"粗鲁"得多（黑格尔语），这可能与当时更为重视贞操观念有关。但从哲学上来看，康德的理论要比爱情论更接近婚姻实质。因为，它直接切入的是权利，而不是停留在难以捉摸的情感层面。

② 原文"unalienable rights"，中文通常译为"不可剥夺的权利"。但此译只强调了权利主体非自愿性地被外部力量剥夺的含义，而忽略了英文原意同时蕴含着权利主体自愿放弃或者出售生命权、自由权和追求幸福权的含义。事实上，在许多情况下，unalienable rights 译为"不可让渡的权利"更为妥当。英文文献中不少文献讨论人身权利为何是可以让渡的（alienable），笔者的《自我所有权：观点与议题》（《哲学动态》2017 年第 12 期）有涉及。

婚就是更为典型的人身权的让渡，男女双方都放弃了自己的部分人身权利，从而组建起一个共同人身所有权的命运共同体。

第三，让渡的结果是共同人身所有权，而不是股份制人身所有权。在企业用工问题上，当"我"将自己在8小时之内的人身所有权交给企业，"我"所获得的是一份工资。至少从形式上看，这是一种平等交换的让渡。然而对于婚姻而言，这种人身所有权的让渡与劳动力市场中的让渡存在区别，婚姻中双方让渡给一个新的实体——家庭。借用苏力用合伙比喻婚姻的说法①，家庭是一个不可分割的共同人身所有权，它类似于一种公共产品，而不是股份制的人身所有权。从这个意义上来看，每个人在家庭的权利本质上是对等的，也是本质上同一的。

如果说结婚就是彼此让渡人身所有权而形成共同人身所有权，那么离婚就是这种共同人身所有权的解体，每个人都恢复他的自我所有权。与此同时，双方将原有的共同财产进行分割。从权利角度来看，离婚的核心内容不是感情的对错，而是财产的分割。一般情况下，现行的权利实践是平等分割，有孩子则将孩子的抚养考虑进来。孩子的人身所有权归谁？这确实是离婚所带来的比较特殊的人身所有权问题。根据中国婚姻法的实践，孩子与亲生父母仍然彼此拥有一定的权利，这可以理解为一种共同人身所有权的继续。

这里有两个问题值得单独拿出来：一个是"婚外性关系"，一个是不平等的人力投资。一些作者反对法律介入婚外性关系。"人们的生活空间，在一个自由的社会，会大于在一个不自由的社会。把处置婚外性关系（它是发生在有道德选择能力的成年人当中的自愿行为）的权力交给警察和国家，无疑是每一个人自由生活空间的缩小。"②确实，在当

---

① 苏力：《"酷一点"》，《读书》1999年第1期，第16页。
② 李银河：《法律与婚外性关系》，《读书》1999年第1期，第6页。

前的中国法律实践中，配偶一方对于另一方的婚外性关系并不具有提起诉讼的权利，但在家庭财产分割的时候，有无过错已经普遍成为财产分割的一个依据。这事实上说明，前面康德所述配偶双方彼此对于性器官的权利（亦即贞操），一定程度上获得了保护。20个世纪末，有作者声称，"据说正在起草中的《婚姻家庭法》就拟创造'配偶权'的法律概念，规定夫妻双方有互相忠诚的义务，一方对另一方不忠，被侵害的一方可以根据'配偶权'所赋予的权利要求法律保护，或者说要求法律对对方进行制裁。理由是通过这样的规定来防止轻率离婚，以减少由离婚而产生的社会问题，维护婚姻家庭的法律秩序。这样的建议，最好不要成为法律。因为它忽略了一个最基本的常识，即有些领域，是不能靠法律治理的，感情就是这样的领域。'配偶权'可能增加离婚的难度，但是它能够解决夫妻双方的情感问题吗？用'配偶权'维持没有感情的婚姻，是否具有道德合理性？"[①] 现实的法律实践已经确证了这样一种配偶权的存在，虽然并没有这样的定名。离婚中过错方在分割财产方面的失利，其实已经证明，配偶双方彼此拥有人身所有权，这种权利的受损方可以主张赔偿并得到法律支持。

所谓不平等的人力投资指的是这样一种情形，婚姻存续期间，家庭对于配偶中的一方进行了较长时期的人力投资。比如女方工作所获得的收入相当一部分用于资助男方攻读博士学位，而该男方在获得博士学位后提出离婚。此时如果仅仅平分财产，显然对于女方不利。在笔者的阅读经历中，美国和中国都有判处男方赔偿女方的案例。这些判决事实上支持了女方对于男方的人身所有权以及该人身所有权所蕴含的人力资本投资。

---

① 信春鹰：《法治的局限》，《读书》1999年第1期，第10页。

死亡也是婚姻和家庭解体的一种方式,而且是终极方式。除了意外或者完全个人自主决定生死的情形,死亡本身有时也涉及共同人身所有权的实践。比如当患者已经丧失意识,无力决定自己的生死时,通常由其家属来决定是否继续治疗。一般而言,这种共同人身所有权的行使应当劣后于个人的自我所有权。个体的自我意见在各种治疗方案的选择中占据优先地位。但有时,为避免个人的决定未必符合其利益,我们往往又允许家庭成员基于共同人身所有权的意见优先于个人自主意志。比如患者因为不堪痛苦,主张安乐死或者放弃治疗,而家属却要求继续治疗;① 或者有时患者渴望治疗,而家属由于预算负担而放弃治疗。种种情形说明,个人的自我所有权与家庭的共同人身所有权之间存在着互相嵌置,而不是简单的谁先谁后的问题。

死亡并不意味着共同人身所有权的骤然消失。一般而言,配偶一方死亡意味着共同人身所有权不复存在,生者可以个人自主决定生活而不受逝者意愿的权利。但是,人身所有权并不只是一种完全依附于身体的权利,它还投射到依附于该人身的财产以及人格等权利。在现行的法律实践之下,生者仍然拥有对于逝者的人身所有权。比如可以接受遗产,可以决定逝者尸体的处置方式。逝者拥有的知识产权在其身后 50 年内仍然有效,这意味着生者对于逝者的人身所有权仍然可以践行。而为逝者的名誉权而提起诉讼,并不限于 50 年,比如有关狼牙山五壮士的名

---

① 安乐死还涉及国家层面的共同人身所有权问题。有的国家立法允许安乐死,有的国家不允许安乐死。这说明,一个人的生命权利,并不完全由其个人或者其家属所拥有,个人或其家属能否决定安乐死的权利还需要受到国家的立法授权。这本身就足以表明,全国人民拥有一个整体的共同人身所有权,它可以向个体或家庭赋予各种权利。

誉权诉讼。① 总之，由于逝者的人格、财产权利等方面的主张，也必须通过生者来争取，因此死亡实质上加强了生者对于逝者的人身所有权。

第八节　工人没有祖国

工人没有祖国。决不能剥夺他们所没有的东西。因为无产阶级首先必须取得政治统治，上升为民族的阶级，把自身组织成为民族，所以它本身还是民族的，虽然完全不是资产阶级所理解的那种意思。

随着资产阶级的发展，随着贸易自由的实现和世界市场的建立，随着工业生产以及与之相适应的生活条件的趋于一致，各国人民之间的民族分隔和对立日益消失。

无产阶级的统治将使它们更快地消失。联合的行动，至少是各文明国家的联合的行动，是无产阶级获得解放的首要条件之一。

人对人的剥削一消灭，民族对民族的剥削就会随之消灭。

民族内部的阶级对立一消失，民族之间的敌对关系就会随之消失。

---

① 《中华人民共和国英雄烈士保护法》规定："对侵害英雄烈士的姓名、肖像、名誉、荣誉的行为，英雄烈士的近亲属可以依法向人民法院提起诉讼。英雄烈士没有近亲属或近亲属不提起诉讼的，检察机关依法对侵害英雄烈士的姓名、肖像、名誉、荣誉，损害社会公共利益的行为向人民法院提起诉讼。"这说明，烈士的名誉权事实上已经不仅仅由其近亲属所拥有，它也归全体人民所有。从一般的人身所有权理论来看，个人不仅是自我所有的，同时也是社会拥有的，烈士尤其如此。因此，个体的自我所有权、家庭共同人身所有权以及社会性的共同人身所有权是共存的，构成一种多级人身所有权。

第三章 无产者和共产党人

一、"工人没有祖国"这一论述的背景与所指

首先要看到,"工人没有祖国"的说法并非马克思最先提出来的,它是当时工人阶级批判资产阶级思想的一个重要判断,讲述了工人阶级因为缺乏财产,从而事实上没有得到国家保护这样一个事实。有作者指出,"'工人没有祖国'的思想,并非《宣言》原创,在国际共运史上,德国和国际工人运动的与早期理论家和活动家威廉·魏特林在其1842年出版的《和谐与自由的保证》一书中,最早从私有财产权的角度对'无产者'和'祖国'的关系做了阐释。'谁有祖国,谁也就有一部分私有财产,或是有成为私有财产所有人的自由和手段;谁要没有财产,又没有成为财产所有人的自由和手段,谁也就没有祖国。'魏特林认为,在存在剥削制度的条件下,对于无产者来说,是没有祖国可言的,只有消灭了剥削制度才谈得上祖国。'现在我们没有祖国,只有到社会以平等的一视同仁的方式照顾到它一切成员的生活的时候,我们才会有一个祖国。'"① 1845年,马克思在《评弗里德里希·李斯特的著作〈政治经济学的国民体系〉》一文中说过类似的话:"工人的民族性不是法国的、不是英国的、不是德国的民族性,而是劳动、自由的奴隶制、自我售卖。他的政府不是法国的、不是英国的、不是德国的政府,而是资本。他的领空不是法国的、不是德国的,不是英国的领空,而是工厂的天空。他的领土不是法国的、不是英国的、不是德国的领土,而是地下若干英尺。在国内,货币是工业家的祖国。"②

总的来说,马克思和恩格斯此处所表达的思想就是由于工人阶级备

---

① 孙军:《"工人没有祖国"思想的再认识》,《辽宁省社会主义学院学报》2013年第1期。
② 《马克思恩格斯全集》第42卷,人民出版社,1979年,第256页。

受压迫,是因为这个国家是资产阶级剥削和压迫他们的统治工具。因此,从这个意义来看,工人没有祖国。

但是,我们并不能因此而把它理解为工人阶级从此就不要国家。恰恰相反,正因为工人没有祖国,因此接下来,马克思正确地指出,"无产阶级首先必须取得政治统治,上升为民族的阶级,把自身组织成为民族"。列宁也有过类似的表述,他在1916年11月30日给伊·费·阿尔曼德的信中指出,不能抓住这句话而无条件的运用它,甚至否定民族战争。"祖国这个概念要历史地看","在为推翻民族压迫而斗争的时代,或者确切些说,在这样的时期,祖国是一回事;在民族运动早已结束的时期,祖国则是另一回事"。①

二、走向人类命运共同体

马克思处在阶级矛盾空前激化的资本主义社会中,指出工人没有祖国。而在社会主义社会中,当阶级矛盾得到了极大的缓和的情况下,我们不但要说,工人有自己的祖国,而且工人阶级与其他阶级一道,构成了一个命运共同体。在这个方面,毛泽东和习近平的相关论述值得我们重视。

毛泽东在人民内部矛盾,尤其是人民内部阶级矛盾方面,实现马克思主义政治话语史上一个重大突破,那就是在社会主义条件下,民族资产阶级也构成了人民的重要组成部分。在《关于正确处理人民内部矛盾的问题》一文中,毛泽东指出:"在我国现在的条件下,所谓人民内部的矛盾,包括工人阶级内部的矛盾,农民阶级内部的矛盾,工农两个阶级之间的矛盾,工人、农民同知识分子之间的矛盾,工人阶级和其他

---

① 《列宁全集》第47卷,人民出版社,1990年,第464页。

劳动人民同民族资产阶级之间的矛盾,民族资产阶级内部的矛盾,等等。"①《关于正确处理人民内部矛盾的问题》一文被视为社会主义运动中最重要的文献,这不是没有原因的,尤其是将民族资产阶级视为人民的重要组成部分,直到今天来看,仍然有着重要的价值。有作者认为,"毛泽东晚年的错误就在于否定了自己以前的很多正确的主张和理论,比如从1956年党的八大,到1957年《关于正确处理人民内部矛盾的问题》,都认为对立性的剥削阶级已经不再存在,这是因为'三大改造'已经完成。但不久就将人民内部矛盾误认为是敌我矛盾,是无产阶级与资产阶级之间的斗争,是路线斗争,才有后来的'无产阶级专政下继续革命'理论指导下的'文革'"。② 很可惜,这是一种流行的错误认知。事实上,《关于正确处理人民内部矛盾的问题》从未否认剥削阶级的存在,而且虽然它承认无产阶级与资产阶级的矛盾,但一般地并不视为是敌我矛盾,而只是人民内部矛盾,只有在激化的情况下才可能变为敌我矛盾。事实上,将无产阶级与资产阶级的矛盾视为人民内部矛盾,这可以说是马克思主义阶级理论中最重要的理论创新,今天读来,仍然让人感到其中的思想力量。

习近平提出了人类命运共同体这个概念,这是一个非常伟大的概念。笔者的理解是,它包含着两个层面。一方面,在国内层面,国家命运共同体是各个阶级和谐共处,形成了一个共同利益的群体;另一方面,在全球范围内,构建所有人类、全世界各国的阶级共同相处的人类命运共同体层面。

国家命运共同体指的是,一国范围之内的人民视为一种共同人身所

---

① 《建国以来毛泽东文稿》第6册,中央文献出版社,1992年,第317页。
② 杨光斌、杨果:《"人民—阶级—团体"的语境与表达》,《探索与争鸣》2016年第1期,第52页。

有权的集体，彼此之间负有权利。"你拥有我，我拥有你"。它表明，国家不仅仅是一个阶级统治的工具，同时也是阶级合作的工具。国家构成一个命运共同体，既有民族本身的原因，也有历史的原因，更有外部的压力。最早的原始社会期间，大约几十个人所组成的微小群落就是一个典型的命运共同体。这样的命运共同体与相距几十公里外的另外一个群落，可能构成一个对手。随着战争、婚姻、贸易的发展，由氏族而部落，随着家族和私有制的产生，阶级得以分化，而国家也诞生。在国家这个命运共同体的内部，存在着多个层次的群体。每个人首先与自己的家庭构成一个命运共同体；但更重要的是，所有一个国家的国内构成一个命运共同体。

而人类命运共同体则指在国家命运共同体的基础之上，全人类构建一种共同人身所有权，在此基础上形成的一种共同命运的群体。它是工人没有祖国在当代的深化，也是基于国家命运共同体的利益延伸，也是国际主义在新时代的体现。

第九节　无产阶级革命

无产阶级将利用自己的政治统治，一步一步地夺取资产阶级的全部资本，把一切生产工具集中在国家即组织成为统治阶级的无产阶级手里，并且尽可能快地增加生产力的总量。

要做到这一点，当然首先必须对所有权和资产阶级生产关系实行强制性的干涉，也就是采取这样一些措施，这些措施在经济上似乎是不够充分的和无法持续的，但是在运动进程中它们会越出本身，而且作为变革全部生产方式的手段是必不可少的。

这些措施在不同的国家里当然会是不同的。

但是,最先进的国家几乎都可以采取下面的措施:

1. 剥夺地产,把地租用于国家支出。

2. 征收高额累进税。

3. 废除继承权。

4. 没收一切流亡分子和叛乱分子的财产。

5. 通过拥有国家资本和独享垄断权的国家银行,把信贷集中在国家手里。

6. 把全部运输业集中在国家手里。

7. 按照总的计划增加国家工厂和生产工具,开垦荒地和改良土壤。

8. 实行普遍劳动义务制,成立产业军,特别是在农业方面。

9. 把农业和工业结合起来,促使城乡对立逐步消灭。

10. 对所有儿童实行公共的和免费的教育。取消现在这种形式的儿童的工厂劳动。把教育同物质生产结合起来,等等。

当阶级差别在发展进程中已经消失而全部生产集中在联合起来的个人的手里的时候,公共权力就失去政治性质。原来意义上的政治权力,是一个阶级用以压迫另一个阶级的有组织的暴力。如果说无产阶级在反对资产阶级的斗争中一定要联合为阶级,如果说它通过革命使自己成为统治阶级,并以统治阶级的资格用暴力消灭旧的生产关系,那么它在消灭这种生产关系的同时,也就消灭了阶级对立的存在条件,消灭了阶级本身的存在条件,从而消灭了它自己这个阶级的统治。

代替那存在着阶级和阶级对立的资产阶级旧社会的,将是这样一个联合体,在那里,每个人的自由发展是一切人的自由发展的条件。

一、简评十条革命措施

第一条实行土地国有制。地产归公,地租用于国家支出,可以使国家牢固掌握土地,以租借的方式获取资金,用于国家的发展。土地所有权是国家,而土地的使用权可以出租给个人。

第二条累进税制。尤其是所得税的累进税制是当代世界各国所普遍实现的税制,其目的是防止资本过分集中于某些个人。同时我们不难注意到西方国家也有很多有富人税制度,然而无疑西方的富人税征收面对着比我们更大的阻力。

第三条废除继承权。可以理解为通过废除继承权来剪断个体背后的私心,使所有人围着天下为公的目标努力。当代世界的一些国家实行遗产税来限制继承权。

第四条属于革命专政的内容,正如新中国成立初期没收"四大家族"的财产。在"三大改造"里针对民族资产阶级,创造性地采取了和平赎买的方式。

第五条和第六条涉及银行业和交通运输业,它们是一个国家的经济命脉,因此有必要由国家控制。在社会主义初级阶段的中国,银行业与交通运输业的关键资产由国家控制,但允许并鼓励社会资本的投资。

第七条强调发展壮大公有制。

第八条强调民众的普遍参与劳动,亦即"各尽所能"的原则。实行普遍劳动义务制,成立产业军,特别是在农业方面。

第九条指缩小城乡差别。

第十条对儿童实行公共免费教育,取消童工。这既是对儿童权益的保护,同时也意味着将儿童视为一种社会的共同资产,而不是单个人的自我所有。从宏观来看，这也是考虑到对社会主义国家接班人的培养。

二、公有制与人的自由发展

"全部生产集中在联合起来的个人的手里"的情形指的就是消灭私有制之后所实现的社会主义生产资料公有制。社会主义生产资料公有制的优势在于它消灭了阶级差别，从而消灭资产阶级的政治统治，也为每个人的自由发展创造了经济前提。

这里，有必要批评一种流行的资产阶级观点，即公有制消灭人的自由，而只有私有制才能保障自由。詹姆斯·布坎南就持这种观点，他认为，在市场经济中，拥有财产的人显然要比没有财产的人更为自由。如果单纯地局限市场经济内部，布坎南也许并没有错。但是他将这一判断扩展至实行市场经济的资本主义制度优于以生产资料公有制为核心的社会主义制度，却显然属于一种逻辑上的狂妄。他无法证明，在资本主义制度之下，所有人都能够拥有生产资料意义上的财产。这是一切主张私有制的理论家都面临的一个基本困难，布坎南也不例外。

马克思在《反克利盖通告》中尖锐地批判了这种假设。克利盖期望美国保留14亿英亩土地以分给来自任何一个国家的农民，每个农民限领160英亩的土地，并且这些土地仅仅限于自耕。马克思指出：

> 于是，为了把土地留做"不可让渡的公共财产"，而且是全人类的财产，就应该立刻先分配这些土地。克利盖以为他能用一项法令来禁止这种分配所发生的必然后果，即土地集中、工业进步等等。他把每160英亩土地都看成一样的，似乎这份土地的价值并不因质量而有所不同。"农民"自己将和其他人

进行交换，不是交换土地，便是交换土地的产品。那时，很快就会发生这种情况：一个"农民"即使没有资本，但由于他的劳动和他的160英亩土地的天然肥沃，就会使另外一个农民变成他的雇农。其次，不论"落到强盗般的投机分子手中"的是"土地"还是土地产品，难道不是一样吗？①

马克思的批判在今天仍然是有效的。且不论在目前状态下，已经有部分人没有财产，即使初始分配假定每个人都拥有财产，但市场的运作必然会导致一部分人丧失财产。"一些人拥有土地所有权，意味着另一些人丧失土地所有权"。② 在这种情况下，一个人抽象地拥有了私有财产权，但却没有任何的实际财产。这又如何保证他的自由呢？对此，布坎南使用了一种迂回的证明逻辑。

他稍稍费了一些笔墨来证明，在资本主义制度之下，即使是没有财产的劳动者阶级也增加了收入。虽然市场的扩大，使得人们在"占有财产方面所面临着的日益增大的困难"。布坎南并不否认这一点，即现代市场经济使得人们日益依赖市场秩序。也就是说，现代市场经济的增长使得个人的自由空间受到了挤压。但是，布坎南求助于后工业经济秩序和服务经济，认为在这一经济秩序中，生产场所的分散化，从而使得马克思所担心的无产阶级问题不再必要。另外，生产者因为工资收入的提高从而有望积累财产。工资劳动者既然能够积累资产，那么还有一些不能积累资产的人呢？布坎南将他们视为社会的累赘。"现代社会的下层阶级根本不生产任何价值；转移支付而不是工资成了他们的生产来源……这个阶级的成员变成了剥削者而不是被剥削者；他们获得了消极

---

① 《马克思恩格斯全集》第4卷，人民出版社，1958年，第10页。
② 《马克思恩格斯全集》第25卷，人民出版社，1974年，第915页。

的剩余，他们耗尽了他们并未参与生产的价值"。①

布坎南对享受福利的低收入者的指责充满了贫穷源于懒惰的清教徒偏见，这里姑置不论。即使在工资劳动者问题上，布坎南并没有否认劳动者的当前的无财产，却用未来可能的财产积累而为资本主义辩护。事实上，布坎南已经偷换了其最初的辩护逻辑，即私有财产是自由的保证，而用预期的收入改善来为资本主义辩护。但是，这种预期的收入改善并积累财产就一定是现实的吗？

一个工人有可能积累财产，每一个工人都有可能积累财产，但由于资本主义的结构性作用，不可能每个人都实际达到了积累资产的目标。G. A. 柯亨指出，在资本主义制度下，每个工人都具有脱离无产阶级的个人自由，但由于不可能所有工人都脱离无产阶级，因此无产阶级具有被压迫剥削的"集体不自由"。"尽管大多数无产者拥有脱离无产阶级的自由，而且事实上即使每个无产者拥有这种自由，但无产阶级却存在脱离无产阶级的集体不自由，是一个被囚禁的阶级"②。布坎南的工人致富积累财产的梦想，即使对每一个工人都是可能的，但现实是工人阶级整体上仍然是无产的，因此也是不自由的。而真正实现每个人的自由发展，只有社会主义生产资料公有制才有可能。

---

① ［美］詹姆斯·布坎南：《财产与自由》，韩旭译，中国社会科学出版社，2002年，第54页。
② ［英］G. A. 柯亨：《无产阶级不自由的结构》，载吕增奎编：《马克思与诺齐克之间：G. A. 柯亨文选》，江苏人民出版社，2007年，第57页。

第四章

社会主义和共产主义的文献

第一节 封建的社会主义

　　这样就产生了封建的社会主义，半是挽歌，半是谤文，半是过去的回音，半是未来的恫吓，它有时也能用辛辣、俏皮而尖刻的评论刺中资产阶级的心，但是它由于完全不能理解现代历史的进程而总是令人感到可笑。

　　为了拉拢人民，贵族们把无产阶级的乞食袋当作旗帜来挥舞。但是，每当人民跟着他们走的时候，都发现他们的臀部带有旧的封建纹章，于是就哈哈大笑，一哄而散。

　　……

　　正如僧侣总是同封建主携手同行一样，僧侣的社会主义也总是同封建的社会主义携手同行的。

　　要给基督教禁欲主义涂上一层社会主义的色彩，是再容易不过了。基督教不是也激烈反对私有财产，反对婚姻，反对国家吗？它不是提倡用行善和求乞、独身和禁欲、修道和礼拜来代替这一切吗？基督教的社会主义，只不过是僧侣用来使贵族的怨愤神圣化的圣水罢了。

一、为什么说封建的社会主义"完全不能理解现代历史的进程"

19世纪30年代，随着英法封建贵族势力在新兴资产阶级的打击下逐步衰落，封建社会主义者站在封建贵族的立场上，按照他们的历史地位所负的使命，对资本主义进行攻击，宣称资产阶级造就了具有革命性的无产阶级，这个阶级将摧毁旧有的封建社会制度，但新产生的资本主义社会制度也不会改变工人受剥削的现状。为了激起同情，贵族们不得不装模作样，似乎他们已经不关心自身的利益，只是为了被剥削的工人阶级的利益才去写对资产阶级的控诉书。他们用来泄愤的手段是：唱唱诅咒他们的新统治者的歌，并向他叽叽咕咕地说一些或多或少凶险的预言。这样就产生了封建的社会主义。

封建的社会主义是资产阶级同贵族进行的政治斗争，由于资产阶级革命的胜利以及贵族不能够再进行政治斗争进而转向文字斗争产生的。封建社会主义是意识形态学说之一，是代表没落封建贵族利益的反社会主义思潮。19世纪三四十年代流行于法、英等国。马克思和恩格斯在1848年发表的《共产党宣言》中给这对这个反动思潮冠以"封建社会主义"的名称（马克思、恩格斯在《共产党宣言》中，把除了科学社会主义以外的19世纪中叶在欧洲流行的社会主义思潮归纳为反动的社会主义——包括封建社会主义、小资产阶级社会主义和"真正"社会主义、资产阶级社会主义和批判的空想的社会主义），并对它的反动实质进行了深刻的揭露。1830年7月爆发的法国资产阶级革命及19世纪20年代英国工业资产阶级发动的议会改革运动使得法国和英国的封建贵族再度被击败，以致无力再进行大规模的争夺统治权的斗争，于是改变手法，以"同情工人"的面目出现，打出"社会主义"的招牌。封建社会主义者，尽管给自己的理论涂上"社会主义"的油彩，却怎么也掩盖不住他们站在封建贵族立场维护其利益的实质。他们抨击、诅咒资本主义造成贫富对立和道德败坏，却极力证明封建剥削比资本主义剥削好。他们控告资产阶级的主要罪状是，在资本主义条件下产生了一个将整个旧制度炸毁的革命无产阶级。这就充分暴露了他们仇视无产阶级、反对社会主义的真面目。此外，在政治实践上，他们充当资产阶级镇压无产阶级的帮凶；在经济上，他们违背自己的言词从事资本主义经营，参与对工人阶级的剥削。总之，封建社会主义实质上是代表封建贵族的利益，站在反动的立场上抨击资本主义，其目的不是开辟人类美好的未来，而是妄想复辟封建专制统治。

二、背景知识：托马斯·卡莱尔

封建社会主义是马克思和恩格斯最先提出来的一个概念，何者属于这个概念所具体指的人与思想呢？《共产党宣言》中提到，法国的"正统派"和英国的"青年英国"。正统派是法国代表大土地贵族和高级僧侣利益的波旁王朝（1589—1792年和1814—1830年）长系的拥护者。1830年波旁王朝第二次被推翻以后，正统派结成政党。在反对以金融贵族和大资产阶级为支柱当政的奥尔良王朝时，一部分正统派常常抓住社会问题进行蛊惑宣传，标榜自己维护劳动者的利益，使他们不受资产者的剥削。"青年英国"是由英国托利党中的一些政治活动家和著作家组成的集团，成立于19世纪40年代初，主要代表人物是本·迪斯累里及托·卡莱尔等。他们维护土地贵族的利益，对资产阶级日益增长的经济势力和政治势力不满，企图用蛊惑手段把工人阶级置于自己的影响之下，并利用他们反对资产阶级。

这其中托马斯·卡莱尔在思想史上比较重要，我们对他的思想稍作介绍。托马斯·卡莱尔是19世纪英国重要的思想家，是神秘主义思想家、浪漫主义解释学的代表人物、社会伦理领域重要的说教家。卡莱尔的思想体系庞大而复杂，作品中融合着禁欲主义、希伯来主义、加尔文主义、超验主义和神秘主义等诸多因素。其在社会政治问题上主要的观点是：第一，对现代资本主义社会的批判与对于工人阶级的同情；第二，坚持富有宗教色彩的加尔文主义。卡莱尔的社会和政治理想建立在人对世界神圣意义的认识能力之上，"英雄崇拜"是卡莱尔社会和政治理想的具体方式。卡莱尔晚期思想中的加尔文主义特征主要体现在以下三方面内容：①对禁欲主义与穆斯林思想的接受。②推崇"被选择的人"。③强调工作、秩序和在神权组织内对权威的服从。

第二节 小资产阶级的社会主义

这种社会主义非常透彻地分析了现代生产关系中的矛盾。它揭穿了经济学家的虚伪的粉饰。它确凿地证明了机器和分工的破坏作用、资本和地产的积聚、生产过剩、危机、小资产者和小农的必然没落、无产阶级的贫困、生产的无政府状态、财富分配的极不平均、各民族之间的毁灭性的工业战争，以及旧风尚、旧家庭关系和旧民族性的解体。

但是，这种社会主义按其实际内容来说，或者是企图恢复旧的生产资料和交换手段，从而恢复旧的所有制关系和旧的社会，或者是企图重新把现代的生产资料和交换手段硬塞到已被它们突破而且必然被突破的旧的所有制关系的框子里去。它在这两种场合都是反动的，同时又是空想的。

一、小资产阶级的社会主义和封建的社会主义有何异同

小资产阶级社会主义是形成于19世纪上半叶的小资产阶级改良主义的社会思潮。社会民主主义是作为小资产阶级社会主义或小资产阶级改良主义的一般政治要求，首先在19世纪小生产占人口大多数的法国流行起来。在小资产阶级社会主义中，"无产阶级的社会要求失去了革命的锋芒而获得了民主主义的色彩，小资产阶级的民主主义要求失去了纯政治的形式而获得了社会主义的色彩。这样就产生了社会民主派"。

小资产阶级永远在资产者和无产者之间摇摆，他们一方面希望跻身于资产阶级的行列，一方面惧怕堕入无产者的境地；一方面希望参加一份对公共事物的领导以保障自己的利益，一方面唯恐不合时宜的对抗行为会触怒政府。

虽然小资产阶级分析了资本主义生产与消费的矛盾，论证了资本和地产的积累和生产过剩，指出了资本主义社会经济危机和无产阶级贫困化的不可避免性，但他们并不了解资本主义社会矛盾的实质，不懂得资本主义社会运行的客观规律，认为社会弊端是由机器大生产造成的。他们也没有由此得出革命必然爆发的结论，而是呼吁资产阶级国家来调和资产者与无产者之间的矛盾。他们反对资本主义社会的社会化大生产，主张把资本主义大农场的土地分配给农民经营，把资本主义大工业变为小手工业作坊，企图恢复中世纪手工业的行会制度和农业中的宗法经济，建立小生产者的理想社会。

二、背景知识：西斯蒙第

西斯蒙第是法国政治经济学家，经济浪漫主义的奠基人。原籍意大利，生于瑞士日内瓦，后移居法国。曾在巴黎上过大学，后中途退学到里昂一家银行当职员。法国大革命时回到瑞士。曾移居英国、意大利。1800年西斯蒙第重返瑞士，以后一直从事著述活动。1803年出版《论商业财富》时，他还宣传斯密的学说。但法国大革命后小生产者的破产分化和英国的经济危机使他成为英国古典政治经济学的激烈反对者。1819年发表《政治经济学新原理》。他从小生产者的立场出发，批评英国古典政治经济学以财富为研究对象，忽视了人和人的享受，认为经济自由主义给社会带来灾难，要求依靠国家政策调节社会经济生活。他强调消费先于生产、生产服从消费，反对李嘉图为生产而生产的思想。西斯蒙第还指出，资本家为利润拼命扩大生产，但小生产的破产和社会分配不公使广大人民收入不足，收入不足使消费不足，因而一部分产品不能实现而必然产生经济危机。他最早论述了资本主义生产过剩危机的必然性，这是他的科学功绩。但他的危机理论仅归结为主要是生活资料消费不足，并未真正认识危机的原因。他赞美中世纪行会手工业和宗法式农业的原则和规范，他的改革建议实际上未超出小生产者的眼界，从而形成了小资产阶级经济浪漫主义的思想体系，著有《政治经济学研究》等。

西斯蒙第在社会政治上的主要思想体现在对于资本主义的批判。具体观点有：第一，资本主义的自由经济将导致经济危机。西斯蒙第认为，无限制的自由竞争会破坏市场供给与需求的平衡关系。西斯蒙第觉察到无限制的自由竞争产生了这样一对根本性的矛盾：一方面是生产力和社会财富的无限发展,另一方面是劳动群众只能获得最低限度的生活必需品,供给与需求严重脱节,生产过剩的经济危机就不可避免地发生。第二,资本主义的自由经济将导致贫富两极分化。西斯蒙第认为,弱肉强食的资本主义自由竞争所导致的经济危机,实际上也表现为:社会贫富的两极分化越来越严重。一方面,社会财富日益集中到少数私有者手中;另一方面,穷人的收入越来越少,消费水平更加低下。第三,政府应当干预社会经济活动,以纠正经济失误。西斯蒙第在批判经济自由主义的同时,主张政府对经济活动进行有效干预,以推动社会经济的发展,改变穷苦人民悲惨的生活状况。他认为,政府不应该直接干预个人的经济利益,但它应当出面纠正经济生活中的失误。

第三节 德国的或"真正的"社会主义

法国的社会主义和共产主义的文献就这样被完全阉割了。既然这种文献在德国人手里已不再表现一个阶级反对另一个阶级的斗争,于是德国人就认为:他们克服了"法国人的片面性",他们不代表真实的要求,而代表真理的要求,不代表无产者的利益,而代表人的本质的利益,即一般人的利益,这种人不属于任何阶级,根本不存在于现实界,而只存在于云雾弥漫的哲学幻想的太空。

……

既然"真正的"社会主义就这样成了这些政府对付德国资产阶级的武器,那么它也就直接代表了一种反动的利益,即德国小市民的利益。在德国,16世纪遗留下来的、从那时起经常以不同形式重新出现的小资产阶级,是现存制度的真实的社会基础。

一、德国"真正的"社会主义者的基本观点

"真正的"社会主义亦称"德国的社会主义",是19世纪40年代流行于德国知识分子中的一种小资产阶级反动思潮。其代表人物有赫斯、格律恩、吕宁、克利盖等。主要著作有赫斯的《人类的圣史》《行动的哲学》《德国的社会主义》,格律恩的《论真正的教育》等。格律恩于1846年在《从人的观点论歌德》一文中首次使用"真正的社会主义"的概念,之后他的拥护者不断重复这一概念,因而得名。

"真正的"社会主义者企图用德国的特别是黑格尔和费尔巴哈的意识形态来阐明流行于英法的社会主义和共产主义文献的思想,宣称"德国科学"负有向世界揭示社会主义真理的使命。实际上,他们把英法的社会主义文献同现实运动相割裂,再同德国的唯心主义、人道主义任意地联系起来。他们害怕资产阶级的发展和革命无产阶级的兴起,妄图保存其小生产者的地位。他们起劲地咒骂资本主义是一种罪恶,因为它使小生产者破产。他们把宗法式的小土地私有制理想化,主张无代价地把土地平均分配给贫困者,甚至主张把无产者变为小生产者。他们从抽象的人性论出发,抹杀阶级矛盾,鼓吹人类普遍的"爱"。这种以德国的哲学家、半哲学家和美文学家为代表的思潮没有考虑到德国的反对封建专制制度斗争的实际,忽视了德国和法国之间物质生活条件和政治制度的不同,而照搬法国的社会主义文献。他们既反对资产阶级对封建贵族的斗争,又反对无产阶级运动的兴起,把社会主义的要求与政治运动对立起来。这种社会思潮实质上代表德国小市民的利益,它发展到最后就会变成直接反对共产主义的倾向,到头来会成为政府严厉镇压工人

运动的理论武器。

二、背景知识：赫斯

莫泽斯·赫斯（1812—1875），德国"真正的社会主义"的主要理论宣传家，也是青年黑格尔派的主要代表。1837年赫斯发表的处女作《人类的圣史》中，集中体现了他的"真正的社会主义"思想的初始形态，也有学者称之为宗教社会主义。通常认为，赫斯的这本书是德国第一部共产主义的文献。

赫斯认为，必须从人类的圣史角度去理解人类史以及对资产阶级的批判。他将人类史分为"神圣历史的三个时期"：第一个时期是圣父的显现史，此时人类处在童年期，和谐是人与上帝的关系，而人们之间也是自然平等的。第二个时期是圣子显现史，这一时期人与上帝出现分裂，这里也可以分为两个时期——中世纪时期和资本主义社会时期，在中世纪时期出现了私有财产和继承权等和谐衰落的情况，社会上已经出现了不平等。由此社会发生了畸变。第三个时期圣灵显现史时期，这是和谐重新确立的准备阶段。赫斯将"财富的共有"看作社会存在的最终目标。他认为资本主义社会是动物的世界，是有意识的动物生存的世界，在这样的世界中"不是大家为人人，人人为大家而工作，而是人人为自己，像在动物中生活一样。每个人拥有自己的利爪和牙齿，为了自己的获得，撕咬和吞噬他的兄弟"。赫斯揭露了人们在资本主义社会中所面临的日益加剧的道德和经济困境，并且指出"不仅道德困境，而且现在开始统治的肉体困境都一方面建立在社会财富的发展、一方面建立在社会贫困的增长之上"。同时赫斯谈到了资本主义的条件下科学技术和工商业发展的进步产生的消极作用，他认为在资本主义社会中

"机械方面的新发明同日益增长的工业成就和贸易,就像我们目前的法律和制度一样,只有助于扩大不平等以及促进一些人的富有和另一些人的贫穷"。赫斯认为财富的不断扩大和集中以及人民日益的贫困就必然会导致人们想要通过革命来废除私有制和继承权,从而铲除社会不平等恢复社会的和谐平等。他说:"现在正开始占统治地位的物质匮乏是由于社会上一部分人越来越富,另一部分人越来越穷引起的。这种不和谐、不平等、自私自利会变得越来越厉害,甚至连最迟钝最不懂感情的人也会给吓坏了。"

在《人类的圣史》中,赫斯明确提出了社会主义,标志着"真正的社会主义"的初始形态。但是其著作的宗教色彩与神学逻辑是非常突出的,他用了"圣王国"等宗教概念表示共产主义理想社会,试图论证社会主义的必然性,这本质上是一种唯心主义的表达。

第四节 保守的或资产阶级的社会主义

社会主义的资产者愿意要现代社会的生存条件,但是不要由这些条件必然产生的斗争和危险。他们愿意要现存的社会,但是不要那些使这个社会革命化和瓦解的因素。他们愿意要资产阶级,但是不要无产阶级。在资产阶级看来,它所统治的世界自然是最美好的世界。资产阶级的社会主义把这种安慰人心的观念制成半套或整套的体系。它要求无产阶级实现它的体系,走进新的耶路撒冷,其实它不过是要求无产阶级停留在现今的社会里,但是要抛弃他们关于这个社会的可恶的观念。

这种社会主义的另一种不够系统,但是比较实际的形式,力图使工人阶级厌弃一切革命运动，硬说能给工人阶级带来好处的并不是这样或那样的政治改革，而仅仅是物质生活条件即经济关系的改变。但是，这种社会主义所理解的物质生活条件的改变，绝对不是只有通过革命的途径才能实现的资产阶级生产关系的废除，而是一些在这种生产关系的基础上实行的行政上的改良，因而丝毫不会改变资本和雇佣劳动的关系，至多只能减少资产阶级的统治费用和简化它的财政管理。

一、保守的或资产阶级的社会主义的基本观点

保守的或资产阶级的社会主义，从中可以提取出保守和资产阶级的社会主义两个关键点。

首先，所谓的资产阶级的社会主义，可以理解为资产阶级在他们的立场上去认识社会主义，对社会主义观念有初步吸收以及做出的和社会主义相关的反应。谈到资产阶级的社会主义，若用惯性思维去理解会觉得有些矛盾，这里可以联系中国近代史上封建地主阶级和资本主义的关系去理解。封建地主阶级并不是全盘地、一切地和资本主义对立，他们同样吸收了某些资本主义的东西，比如洋务运动，只是未触及最根本的帝制关系。同样，《共产党宣言》也提到，资产阶级丝毫不会改变资产和雇佣劳动的关系。

18、19世纪，无产阶级队伍迅速壮大，社会主义思潮涌现并快速传播，尤其是工人运动的冲击，使得资产阶级的社会主义思潮很容易就产生了。不仅因为社会主义思潮的影响力巨大，还因为它与资产阶级的利益密切相关，这也是为什么资产阶级的一部分想要消除社会矛盾，进而保障自己的生存条件。资产阶级的社会主义的保守性恰恰最直观地表现在这保障其自身的生存条件而不是通过改变生产关系以达到真正的社

会主义，所以他们对待无产阶级、对待社会主义采取的措施注定是不彻底的，仅仅通过一定程度上改善无产阶级的生活条件来暂时缓和阶级矛盾，掩盖资本主义生产关系的缺漏。因此，他们不可能成为代表无产阶级利益的社会主义者。

另一方面，保守的或资产阶级的社会主义具有一定的引导作用，它预示着它所代表的改良的社会实践是行不通的，为后人开拓革命道路、开展无产阶级革命提供了方向借鉴。

二、背景知识：蒲鲁东

蒲鲁东是法国政论家，经济学家，被称为"无政府主义之父"。

首先使用"安那其"（Anarchy）一词表述社会的无政府状态。他否认一切国家和权威，认为它们维护剥削，扼杀自由。反对政党，反对工人阶级从事政治斗争，认为其主要的任务是进行社会改革。无政府主义与改良主义合成一体，提出一个所谓"互助主义"的救世良方。主张生产者根据自愿原则，通过订立契约进行互助合作，彼此"等价交换"各自的产品。这种空想的互助主义方案建立在小生产者的小私有制基础之上，其目的是形成生产者之间"永恒的公平"，防止他们遭受破产的厄运，使小私有制永世长存。

蒲鲁东的学说和政治活动对巴黎公社前的法国工人运动颇有影响。马克思在《哲学的贫困》等一系列著作中对蒲鲁东及其思想进行了深刻的批判。

第五节　批判的空想的社会主义

诚然，这些体系的发明家看到了阶级的对立，以及占统治地位的社会本身中的瓦解因素的作用。但是，他们看不到无产阶级方面的任何历史主动性，看不到它所特有的任何政治运动。

由于阶级对立的发展是同工业的发展步调一致的，所以这些发明家也不可能看到无产阶级解放的物质条件，于是他们就去探求某种社会科学、社会规律，以便创造这些条件。

社会的活动要由他们个人的发明活动来代替，解放的历史条件要由幻想的条件来代替，无产阶级的逐步组织成为阶级要由一种特意设计出来的社会组织来代替。在他们看来，今后的世界历史不过是宣传和实施他们的社会计划。

一、背景知识：罗伯特·欧文

在三大空想社会主义者中，罗伯特·欧文尤其值得注意。

罗伯特·欧文（1771—1858），英国空想社会主义者，也是一位企业家、慈善家，英国工人运动家。10岁时，欧文离开了家，只身前往伦敦的哥哥那里去谋生。他又尝试过多种职业，积累了丰富的经验。1787年，欧文来到英国纺织工业中心曼彻斯特当学徒。1789年，他和朋友合办了一家小纺织厂，后自行经营。1791年，欧文应聘到一家大纺织厂任经理，他的管理才干得到充分发挥。1799年，欧文与他后来的岳父办起了新拉纳克工厂，欧文出任经理。1800年，他正式接管企业，开始创新管理办法。他把工人的工作时间缩短为 10 小时，禁止不满 9 岁的童工劳动，提高工人工资，工厂暂时停工时工资照付。他用无声的考核装置来激励员工，改变工人偷盗工厂财产的处理办法。欧文改善工人的生活和劳动条件，设立工厂商店向工人出售比普通市场价格便宜的消费品，开办工厂子弟小学、幼儿园和托儿所，建立工人互助储金会。欧文的这些改革措施取得了明显的成效。工厂增加了利润，工人生活得到改善。

1812 年，欧文为宣传自己的改革成就，发表了《关于新拉纳克工厂的报告》，引起欧洲社会的广泛关注。此后，欧文为争取议会制定工厂法和限制工作日的立法进行大量的工作。1815 年他在《论工业制度的影响》一书中，呼吁制定改善工人劳动条件的议会法案。经过不断努力，议会终于在 1819 年第一次通过限制工厂中女工和童工劳动的法案。由于他为工人阶级所争取的各种权益和慈善行为，他赢得了巨大的声望。但是当他宣传共产主义的时候，整个英国上流社会都反对他。1824 年，欧文赴美国开始新和谐移民区实验，但实验以失败告终。欧文在历史上第一次揭示无产阶级贫困的原因，并从生产力的角度提出公有制与大生产的紧密联系。著作除上述作品外，还有《新社会观》《新道德世界书》。

1824 年，欧文变卖了所有家产，带着四个儿子和一批朋友，还有百余名志同道合者，从英国出发，乘风破浪横渡大西洋，驶向美国。欧文带领全体公社成员共同劳动，共享劳动成果，他们规定，全体公社成员按照年龄大小从事各种有益的劳动。5 岁到 7 岁的儿童，一律无条件入学。8 岁到 10 岁的儿童，除学习外，还要参加公社各种有益活动和必要劳动，如修整花园、做家务等，从中掌握课本上学不到的知识。12 岁以上的青少年，必须在学习知识的同时，还要在工厂、作坊等学习一定的手工技能，以便将来为参加工作做好准备。20 岁到 25 岁的青年人，是公社建设的主力，因分工不同，有的在工厂做工，有的在农田参加农业劳动，或是参加一定的脑力劳动。公社的未来发展，全靠这个年龄段的主力军。25 岁到 30 岁的人，每天只需参加两个小时的生产劳动，其余时间则从事公社的保卫工作和参与产品的分配工作，也有一部分人从事科学研究和艺术工作等脑力劳动。30 岁到 40 岁的人负责管理、组织和领导各个部门的生产工作。40 岁到 60 岁的人，则主持对外交往，接待宾客或是产品交换等。60 岁以上的老人组成老人集体，负责捍卫宪法，维护宪法的尊严，监督宪法的实施落实等。恩格斯这样评价："欧文的共产主义就是通过这种纯粹营业的方式，作为所谓商业计算的果实产生出来的。它始终都保持着这种面向实际的性质。例如，在 1823 年，欧文提出了通过共产主义移民区消除爱尔兰贫困的办法，并附上了关于筹建费用、年度开支和预计收入的详细计划。而在他的关于未来的最终计划中，对各种技术上的细节，包括平面图、正面图和鸟瞰图在内，都作了非常内行的规划，以至他的社会改革的方式一旦被采纳，则各种细节的安排甚至从专家的眼光看来也很少有什么可以挑剔的。"

但"新和谐公社"并不是与世隔绝的。它处在整个资本主义的重重包围之中。参加公社的人形形色色，社员之间不久就产生了各种矛盾。欧文本人也经常不在，人们难以自我管理。脑力劳动者日趋增多，而体力劳动者日渐减少，以致技术工和一般工人匮乏，工厂、作坊经常停产关门，甚至连当时最先进的机器也不得不闲置起来，如公社的一家染坊能与当时美国最完善的染坊相抗衡，但都无活可干。一个纺织厂每天能生产 400 磅棉纱、一个面粉厂每天能生产 60 桶面粉，都不得不时时停工。还有一块大到 3600 英亩的麦田因缺少足够的劳动耕种而收入微薄。这种情况,使欧文自己再也没有钱来补贴公社的逐日亏损了。4年以后,"新和谐公社"终于宣告了破产。新和谐公社的破产可以说宣告了空想社会主义道路的破产,无产阶级只有通过无产阶级革命才能解放自身和全人类。

二、所有非马克思主义的社会主义的根本问题

列宁曾讲过这样一段话:"为什么说自罗伯特·欧文以来所有的旧日合作社提倡者的计划都是幻想呢?就是因为他们没有估计到阶级斗争、工人阶级夺取政权,推翻剥削者的阶级统治这样的根本问题,而幻想用社会主义来和平改造现代社会。因此我们很有理由把这种'合作制'的社会主义当作彻头彻尾的幻想,把以为只要实行居民合作化就能使阶级敌人转变为阶级朋友、使阶级战争转变为阶级和平(所谓国内和平)的幻想,当作浪漫主义的,甚至庸俗的东西。"应该说,这段话适用于所有非马克思主义的社会主义,包括前述所述小资产阶级社会主义和资产阶级社会主义。

笔者认为,尽管《共产党宣言》将当时的各种社会主义作出了细致的区分,但从根本上讲,它们的共同点也是非常明显的,那就是拒绝阶级斗争,拒绝暴力革命。不管是蒲鲁东,还是罗伯特·欧文,不管是封建的社会主义,还是资产阶级的社会主义,这一点都是共同的。在深入细致的研究中,将各种形形色色的社会主义理论作出区分是有必要的,各种观念中的合理成分,也应当为我们所吸收和借鉴。但与此同时,在根本的理论立场上,把握各种非马克思主义的社会主义的根本特征尤其必要。

马克思、恩格斯和列宁对各种社会主义文献的批判在今天仍然有着

重要价值。试举一例，约翰·罗尔斯无疑是当代最重要的政治哲学家，其理论值得重视。但是，也要看到，其主张基于所有制的自由民主理论，从根本上仍然是小资产阶级社会主义的。因此，在研究理论并尝试吸收借鉴的时候，尤其要注意其政治立场。这是我们今天分析和面临各种理论所应当注意的。

第五章

共产党人对各种反对党派的态度

第一节 在当前的运动中同时代表运动的未来

共产党人为工人阶级的最近的目的和利益而斗争,但是他们在当前的运动中同时代表运动的未来。在法国,共产党人同社会主义民主党联合起来反对保守的和激进的资产阶级,但是并不因此放弃对那些从革命的传统中承袭下来的空谈和幻想采取批判态度的权利。

在瑞士,共产党人支持激进派,但是并不忽略这个政党是由互相矛盾的分子组成的,其中一部分是法国式的民主社会主义者,一部分是激进的资产者。

在波兰人中间,共产党人支持那个把土地革命当作民族解放的条件的政党,即发动过1846年克拉科夫起义的政党。

在德国,只要资产阶级采取革命的行动,共产党就同它一起去反对专制君主制、封建土地所有制和小市民的反动性。

但是,共产党一分钟也不忽略教育工人尽可能明确地意识到资产级和无产阶级的敌对的对立,以便德国工人能够立刻利用资产阶级统治所必然带来的社会的和政治的条件作为反对资产阶级的武器,以便在推翻德国的反动阶级之后立即开始反对资产阶级本身的斗争。

共产党人把自己的主要注意力集中在德国,因为德国正处在资产阶级革命的前夜,因为同17世纪的英国和18世纪的法国相比,德国将在整个欧洲文明更进步的条件下,拥有发展得多的无产阶级去实现这个变革,因而德国的资产阶级革命只能是无产阶级革命的直接序幕。

总之,共产党人到处都支持一切反对现存的社会制度和政治制度的革命运动。

在所有这些运动中,他们都强调所有制问题是运动的基本问题,不管这个问题的发展程度怎样。

最后,共产党人到处都努力争取全世界民主政党之间的团结和协调。

一、如何理解"在当前的运动中同时代表运动的未来"

共产党是由无产阶级先进分子组成的,其最高理想是实现共产主义社会,但是共产主义运动只是一个长远目标,它不可能在缺乏充分的经济社会条件下实现。因此共产党人应当首先追求无产阶级"最近的目的和利益",为当下的运动而斗争。文中列举的一些当前的运动,比如在法国同社会主义民主党联合起来反对保守的和激进的资产阶级、在瑞士支持激进派、在波兰支持民族解放,而在德国则反对君主专制,总而言之,共产党人到处都支持一切反对现存的政治经济制度的革命运动。

但是同样重要的是,要代表着运动的未来,也就是坚持自己的理想,追求消灭私有制,实现共产主义社会。无产阶级获得自身解放的前提条件是全人类的解放，无产阶级革命的最终目标是消灭剥削，消灭私有制，建立共产主义社会。因此共产党人将会为此而努力。而当前革命的最终走向也必定是建立一个人人平等、没有两极分化的社会，这与无产阶级的革命目标一致。所以，文中同时提到，要教育工人阶级，不能忘记资产阶级同工人阶级的对立，要在资产阶级革命完成之后，进行社会主义革命。

二、为什么所有制问题是基本问题

马克思在论述共产主义运动时指出，"在所有这些运动中，他们都强调所有制问题是运动的基本问题，不管这个问题的发展程度怎样"。[1]理解这句话，我们不妨将马克思对于革命运动的看法转换成一种社会科学的解释范式，有理由推定，所有权构成马克思主义理论解释世界的基本变量，换句话说，所有社会关系都可以还原为某种形式的所有权。必须强调指出的是，这里的所有权并非指法律意义上的产权，而是指实质性的所有关系，一种先于法律的社会关系。比如，我拥有一张100元的纸币，法律上除了我之外没有谁对它拥有产权，但实质上由于我不被允许损毁纸币，并且不得使用它购买许多产品（比如黄赌毒），这说明全体社会在这张纸币上也具有了一定的所有权，社会对这张纸币的所有权与我个人对它的所有权是共存的，前者构成了对我的所有权的限制。此外，所有权当然可以扩展至抽象的经济社会管理事务。典型意义的封建政制下，官职是一种可以世袭的物品；而在理性官僚制下，人们只能短暂地拥有和局部地拥有某个官职。显然，我们可以将官僚制度对封建政制的代替描述为一种所有权关系的根本变迁。同理，国防外交等事务，

---

[1] 《马克思恩格斯选集》第1卷，人民出版社，2012年，第435页。

可以视为全体人民共同拥有和掌控的事务，而村务，则可以描述为村集体共同拥有和掌控的事务。

任何一种所有制都蕴含着所有制的主体问题，也就是生产资料归谁所有的问题。不同的主体在宏观上就表现为不同的阶级。而一切阶级斗争归根究底是该阶级为了争取更好的生活条件，获得更大利益而展开的斗争，而生产资料的归属权就决定了该社会的最大获益阶级。因此，所有制问题是最基本的问题，因为撇开各种具体的表象，阶级斗争最核心的焦点就在于所有制。

三、马克思主义统一战线理论的源头

本章阐发了共产党人与其他党派进行政治联盟的思想，列宁将本章的内容称之为"无产阶级阶级斗争的策略"，它也是马克思主义统一战线思想的源头。

马克思和恩格斯强调了共产党同各个其他民主政党或无产阶级政党的联合，由于各国经济的发展水平参差不齐，所面临的革命任务不同，因此，共产党人同其他党派的联合在不同的国家会以不同的形式出现。不过，马克思和恩格斯在强调政党联合的时候并没有忘记共产党人的独特任务，他们指出："共产党一分钟也不忽略教育工人尽可能明确地意识到资产阶级和无产阶级的敌对的对立。"这样做的目的是保证无产阶级能够充分利用资产阶级统治所必然带来的政治的和社会的条件，壮大自身的队伍和力量，以便社会主义革命能够顺利进行并取得成功。为了整个无产阶级的利益和早日实现共产主义的奋斗目标，"共产党人到处都努力争取全世界民主政党之间的团结和协调"。

在反对资产阶级的斗争中，无产阶级建立了众多的政党，在为工人

利益而奋斗，这一共同目标下工人政党在很多方面展开合作。同时在反对封建专制这一目标下，无产阶级政党与资产阶级政党也有所合作。资产阶级在反对专制和贵族斗争中都不得不向无产阶级呼吁，要求无产阶级援助，联合无产阶级政党一同反对专制。只要资产阶级采取革命的行动，共产党就同他一起去反对专制君主制、封建土地所有制和小市民的反动性。而在反对资产阶级的斗争中，无产阶级政党又能联合起来，各个无产阶级政党之间能够相互协调，团结起来，反对资产阶级的剥削。

因此，尽管马克思和恩格斯并未明确提出统一战线的概念，但其思想已经很好地体现在其论述中去了。后来统一战线思想为列宁和毛泽东所发扬光大，已经构成无产阶级理论中最重要的内容之一。毛泽东在《〈共产党人〉发刊词》中说过一段有名的话："十八年的经验，已使我们懂得：统一战线，武装斗争，党的建设，是中国共产党在中国革命中战胜敌人的三个法宝，三个主要的法宝。"统一战线不仅是中国革命成功的法宝，在社会主义建设和改革开放新时期，它仍然是中国共产党的重要法宝。

第二节　暴力革命

共产党人不屑于隐瞒自己的观点和意图。他们公开宣布：他们的目的只有用暴力推翻全部现存的社会制度才能达到。让统治阶级在共产主义革命面前发抖吧。无产者在这个革命中失去的只是锁链。他们获得的将是整个世界。

全世界无产者，联合起来！

一、为什么说"只有用暴力的手段"才能达到目的

暴力革命的手段最为激进，效果最为彻底。工人阶级受到长期的血腥的压迫，对提升自身经济和政治权利的渴望尤为强烈。反动派的势力极为强大，不可能轻易妥协。这就好比矛盾的两方面十分尖锐的对立，如果想要走出这个环境，最简单的方法就是一方克服另一方，即以暴力手段推翻资产阶级。

当时不存在和平夺权的可能性。一方面由于资产阶级对自身利益最大化的追逐，他们不愿也不可能放弃自己的既得利益，转而满足无产阶级的要求。因此，资产阶级坚决主张保持资本主义制度。另一方面，只要当时实行的是资本主义制度，就必定伴随着剥削和压迫，无产阶级为了自身的合理生存条件，只会越来越难以忍受资本家的剥削，最终用暴力手段推翻资产阶级的统治。

二、全世界无产者，联合起来

在1888年英文版的序言中恩格斯指出，国际工人协会成立的主要目标就是要"把欧美正在进行战斗的整个无产阶级团结为一个整体"。在1890年德文版的序言中，恩格斯又提到"大多数西欧国家中的无产者已经联合成为流芳百世的国际工人协会了"。从国际工人协会的发展可以看出，不管在国际上是否存在一个有形的国际组织，世界无产阶级的联合依然存在。在1892年波兰文版的序言和1893年意大利文版序言中，恩格斯还阐述了民族独立与国际联合之间的关联。这种联合并不是要取消各国无产阶级的独立自主，而是在保持独立自主的基础上共同实现全世界无产阶级的解放。1892年波兰文版序言在谈到波兰的复兴时

指出，波兰的独立是实现欧洲各国国际合作的前提。可见，各国无产阶级的独立是全世界无产阶级进行国际联合的重要保证。序言中关于统一战线思想的这些论述，为当时无产阶级的革命实践活动提供了重要的思想指导，也为欧洲各国的发展指明了方向。

马克思在《宣言》中指出共产党人代表整个无产阶级的不分民族的共同利益，努力争取全世界各民主政党之间的团结，保持相互之间的利益一致，共同为全人类谋解放，为人民谋幸福。随着资本主义的发展，世界历史形成了一个整体，打破了地区之间和民族之间的闭关自守状态，世界地域范围内的社会交往开始发展和丰富起来，完全按照资产阶级的意愿创造了一个全新的世界，它使农村从属于城市、使野蛮国家从属于文明国家、使农民民族从属于资产阶级民族、使东方从属于西方，使每一个国家和民族都不能独善其身。在资产阶级占统治地位的时代，工人无产阶级作为社会最底层，始终处于被压迫被剥削的生存状态下，工人的合法权益不能得到有效保障，毫无自由和个性可言。工人阶级是没有祖国的，全世界无产者的利益在根本上是一致的。因此，无产阶级要想维护自身权益、争得自由和解放，就必须联合全世界无产阶级同资产阶级进行革命斗争。"全世界无产者，联合起来！"这是马克思在《宣言》结尾向全世界无产阶级的号召，并成为国际共产主义运动最响亮的口号。

参考文献

一、经典著作

1. 《马克思恩格斯文集》第 1 卷，人民出版社 2009 年版。
2. 《马克思恩格斯文集》第 2 卷，人民出版社 2009 年版。
3. 《马克思恩格斯文集》第 3 卷，人民出版社 2009 年版。
4. 《马克思恩格斯文集》第 4 卷，人民出版社 2009 年版。
5. 《马克思恩格斯文集》第 5 卷，人民出版社 2009 年版。
6. 《马克思恩格斯文集》第 9 卷，人民出版社 2009 年版。
7. 《马克思恩格斯文集》第 10 卷，人民出版社 2009 年版。
8. 《马克思恩格斯选集》第 1 卷，人民出版社 1995 年版。
9. 《马克思恩格斯全集》第 4 卷，人民出版社 1958 年版。
10. 《马克思恩格斯全集》第 42 卷，人民出版社 1979 年版。
11. 《列宁选集》第 3 卷，人民出版社 1995 年版。
12. 《列宁专题文集》（论马克思主义），人民出版社 2009 年版。
13. 《列宁专题文集》（论社会主义），人民出版社 2009 年版。
14. 《毛泽东选集》第 2 卷，人民出版社 1991 年版。

15.《毛泽东选集》第 4 卷，人民出版社 2003 年版。

16.《毛泽东文集》第 2 卷，人民出版社 1999 年版。

17.《李大钊全集》第 3 卷，河北教育出版社 1999 年版。

二、研究著作

1. [德] 黑格尔：《法哲学原理》，范扬、张企泰译，商务印书馆，1961 年。

2. [德] 马克斯·韦伯：《经济与社会：第二卷》上册，阎克文译，世纪出版集团，2010 年。

3. [德] 桑巴特：《德意志社会主义》，杨树人译，华东师范大学出版社，2010 年。

4. [法] 雷蒙·阿隆：《阶级斗争：工业社会新讲》，周以光译，译林出版社，2003 年。

5. [法] 麦克尔·勒威：《马克思和韦伯的资本主义批判》，转引自《当代国外马克思主义评论》(5)，人民出版社，2007 年。

6. [古希腊] 柏拉图：《理想国》，郭斌和、张竹明译，商务印书馆，2009 年。

7. [美] R. G. 佩弗：《马克思主义、道德与社会正义》，吕梁山等译，高等教育出版社，2010 年。

8. [美] 埃德加·斯诺：《西行漫记》，董乐山译，解放军文艺出版社，2002 年。

9. [美] 埃德加·斯诺笔录：《毛泽东自传》，汪衡译，王铎校注，青岛出版社，2003 年。

10. [美] 埃尔斯特：《理解马克思》，何怀远等译，曲跃厚校，中国人民大学出版社，2008 年。

11. ［美］白凯：《中国的妇女和财产：960—1949》，上海书店出版社，2003 年。

12. ［英］E. 汤普森：《英国工人阶级的形成》上，钱乘旦等译，译林出版社，2001 年。

13. ［英］E. 汤普森：《英国工人阶级的形成》下，钱乘旦等译，译林出版社，2001 年。

14. ［英］艾瑞克·霍布斯鲍姆：《革命的年代：1789—1848》，王章辉等译，国际文化出版公司 2006 年。

15. ［英］安东尼·吉登斯：《全球时代的民族国家》，郭忠华编，江苏人民出版社，2010 年。

16. ［英］彼得·甘西：《反思财产：从古代到革命时代》，陈高华译，北京大学出版社，2011 年。

17. ［英］戴维·麦克莱伦：《马克思思想导论》第 3 版，郑一明、陈喜贵译，中国人民大学出版社，2008 年。

18. ［英］哈罗德·约瑟夫·拉斯基：《〈共产党宣言〉：社会主义的里程碑》，吴韵曦译，中国民主法制出版社，2018 年。

19. ［英］乔纳森·沃尔夫：《当今为什么还要研读马克思》，段中桥译，高等教育出版社，2006 年。

20.《中共中央文件选集（一九二一—一九二五）》第一册，中共中央党校出版社，1982 年。

21. ［英］佩里·安德森：《绝对主义国家的系谱》，刘北成、龚小庄译，上海人民出版社，2001 年。

22. Daniel R. Sabia, "Rationality, Collective Action, and Karl Marx," *American Journal of Political Science*, 1988, vol. 32, pp. 50—71.

23. Immanuel Kant, *Lectures on Ethics*, Trans. L. Infield, New York: Harper and Row, 1969.

24. Jon Elster, Making Sense of Marx, Cambridge, London, etc: Cambridge University Press, 1985.

25. 艾四林、曲伟杰：《〈共产党宣言〉导读》，中国民主法制出版社，2012 年版

26. ［美］爱因斯坦：《爱因斯坦文集》第 3 卷，许良英、赵中立、张宣三译，商务印书馆，1979 年。

27. ［德］安德烈·冈德·弗兰克：《依附性积累与不发达》，高铦、高戈译，译林出版社，1999 年。

28. ［英］安东尼·吉登斯：《民族——国家与暴力》，胡宗泽、赵力涛、王铭铭译，三联书店，1998 年。

29. ［美］曼瑟尔·奥尔森：《集体行动的逻辑》，陈郁、郭宇峰、李崇新译，上海三联书店、上海人民出版社，1995 年。

30. 陈爱玉：《从〈共产党宣言〉到"三个代表"重要思想科学社会主义理论与实践探索之路》，福建教育出版社，2003 年。

31. 陈学明：《重读〈共产党宣言〉》，人民出版社，2018 年。

32. ［美］戴维·诺布尔：《生产力：工业自动化的社会史》，李风华译，中国人民大学出版社，2007 年。

33. 丁建弘：《德国通史》，上海社会科学院出版社，2007 年。

34. ［法］费尔南·布罗代尔：《15 至 18 世纪的物质文明、经济和资本主义》第 2 卷，三联书店，1993 年。

35. 冯志峰：《重读〈共产党宣言〉》，江西人民出版社，2018 年。

36. 龚育之、逄先知、石仲泉：《毛泽东的读书生活》，三联书店，2010 年。

37. 龚云：《〈共产党宣言〉中的历史事件和人物简介》，内蒙古人民出版社，1973年。

38. 顾海良主编：《马克思主义发展史》，中国人民大学出版社，2009年。

39. 郭祎：《〈共产党宣言〉经验与启示》，人民出版社，2019年。

40. 郭战平、郭战江：《人类社会整体发展论：1972〈共产党宣言〉研读笔记》，山东人民出版社，2007年。

41. 韩云川：《〈共产党宣言〉再解读》，宁夏人民出版社，2008年。

42. 贺团卫：《民主革命时期〈共产党宣言〉在中国的翻译与传播研究》，中国社会科学出版社，2018年。

43. 黄建国等：《世纪宣言：从〈共产党宣言〉到"三个代表"》，湖南大学出版社，2002年。

44. 李葆华等：《回忆李大钊》，人民出版社，1980年。

45. 李惠斌、杨金海：《重读〈共产党宣言〉》，湖北人民出版社，1998年。

46. 李立三等：《回忆蔡和森》，人民出版社，1980年。

47. 李小珊：《世界社会主义五百年之〈共产党宣言〉》，生活·读书·新知三联书店，2016年。

48. 李兴耕：《〈共产党宣言〉与当代》，中央编译出版社，1998年。

49. 林华国：《近代历史纵横谈》，北京大学出版社，2005年。

50. 刘子贵、申晨星：《马克思、恩格斯与〈共产党宣言〉》，中国少年儿童出版社，2001年。

51. 吕增奎编：《马克思与诺齐克之间：G. A. 柯亨文选》，江苏人民出版社，2007年。

52. 马克垚：《中西封建社会比较研究》，学林出版社，1997年。

53. ［希腊］尼科斯·波朗查斯：《政治权力与社会阶级》，叶林、王宏周、马清文译，中国社会科学出版社，1982年。

54. 彭慕兰：《大分流：欧洲、中国及现代世界经济的发展》，江苏人民出版社，2003年。

55. 钱乘旦、许洁明：《英国通史》，上海社会科学院出版社，2008年。

56. ［美］塞缪尔·鲍尔斯、［英］理查德·爱德华兹、［美］弗兰克·罗斯福：《理解资本主义：竞争、统制与变革》，孟捷、赵准、徐华主译，中国人民大学出版社，2010年。

57. 施九青：《两个"必然"及其实现道路——〈共产党宣言〉两个"必然"的思想与现时代》，天津社会科学院出版社，2001年。

58. 石仲泉：《中国共产党新世纪宣言：从〈共产党宣言〉到"三个代表"思想》，红旗出版社，2002年。

59. 唐立春：《〈共产党宣言〉导读》，北京出版社，1992年。

60. 文选德：《浅说〈共产党宣言〉》，湖南教育出版社，1998年。

61. 萧灼基：《恩格斯传》，中国社会科学出版社，2008年。

62. 杨金海：《马克思恩格斯〈共产党宣言〉研究读本》，中央编译出版社，2017年。

63. 余光：《世界无产阶级运动的指南：马克思恩格斯的〈共产党宣言〉》，云南人民出版社，1992年。

64. 张静如、刘志强、卞杏英：《中国现代社会史》上，湖南人民出版社，2004年。

65. 张亮、乔茂林：《〈共产党宣言〉传播史》，江苏人民出版社，2018年。

66. 中国现代革命史资料丛刊之《"一大"前后》（二），人民出版社，1980 年。

67. 朱满良等：《创新与超越——〈共产党宣言〉与中国共产党的建设》，中国言实出版社，2000 年。

68. 庄福龄主编：《简明马克思主义史》，人民出版社，2004 年。

三、研究论文

1. [英] G. A. 科亨：《信奉而不恭维：对分析的马克思主义的反思》，《马克思主义研究》，1996 年第 1 期。

2. Daniel R. Sabia, "Rationality, Collective Action, and Karl Marx," *American Journal of Political Science*, 1988, vol. 32, pp. 50—71.

3. 曹长盛：《从〈共产党宣言〉看共产党和社会民主党的根本区别》，《高校理论战线》2008 年第 6 期。

4. 曾建平、郜之刚：《追求公正：中国共产党的崇高使命——从〈共产党宣言〉谈起》，《马克思主义与现实》2011 年第 6 期。

5. 曾文经：《论汉民族的形成》，《历史研究》1955 年第 1 期。

6. 陈新夏：《〈共产党宣言〉的现代意识和世界视野》，《马克思主义与现实》2018 年第 3 期。

7. 陈跃、熊洁、何玲玲：《关于马克思主义阶级分析方法理论与现实的研究报告》，《马克思主义研究》2011 年第 9 期。

8. 程金良：《对马克思阶级分析方法的二重性理解——〈共产党宣言〉解读》，《理论导刊》2006 年第 11 期。

9. 单连春、王鲜：《无产阶级革命思想溯源及其时代价值》，《晋阳学刊》2020 年第 3 期。

10. 邓斌、苏伟：《〈共产党宣言〉的价值逻辑及其在当代中国的体现》，《马克思主义研究》2018年第10期。

11. 范彩娥：《从〈共产党宣言〉看全球化的起步》，《科学社会主义》2001年第4期。

12. 范文澜：《试论中国自秦汉时成为统一国家的原因》，《历史研究》1954年第3期。

13. 高放：《〈共产党宣言〉基本原则与中国特色社会主义》，《理论视野》2008年第7期。

14. 耿步建：《论〈共产党宣言〉的"人民立场"及其生命力传承——纪念〈共产党宣言〉发表170周年》，《社会科学家》2018年第6期。

15. 龚云：《〈共产党宣言〉的当代价值：阶级分析的典范》，《马克思主义研究》2008年第7期。

16. 顾钰民、廉国强：《以〈共产党宣言〉的理论逻辑科学把握习近平新时代中国特色社会主义思想》，《当代经济研究》2018年第4期。

17. 关锋：《共产主义所有制与集体所有制》，《华南师范大学学报（社会科学版）》2003年第6期。

18. 郭强：《从〈共产党宣言〉看现代社会与国家的分化与统一》，《南京政治学院学报》2010第6期。

19. 郝贵生：《〈共产党宣言〉中的"两个决裂"思想及其现实意义》，《马克思主义研究》2008年第2期。

20. 郝贵生：《论马克思主义的批判性与革命性》，《马克思主义研究》2012年第1期。

21. 郝贵生：《如何认识〈共产党宣言〉的核心思想》，《马克思主义研究》2013年第11期。

22. 郝时远：《重读斯大林民族定义——读书笔记之一：斯大林民族定义及其理论来源》，《世界民族》2003年第4期。

23. 何顺果：《关于"资本主义"的定义》，《世界历史》1997年第5期。

24. 华德亚、朱仁泽：《"重建个人所有制"争议及理论再思考》，《当代经济研究》2017年第2期。

25. 黄富峰：《〈共产党宣言〉与无产阶级道德》，《伦理学研究》2009年第5期。

26. 靳辉明：《〈共产党宣言〉的核心思想和深远影响》，《科学社会主义》1998年第2期。

27. 李伯重：《"资本主义萌芽情结"》，《读书》1996年第8期。

28. 李恩来、靳书君：《马克思主义"实践"概念中国化的演变与影响——以〈共产党宣言〉的汉译本为线索》，《思想理论教育》2019年第2期。

29. 李风华：《阶级分析与中国马克思主义政治哲学的进路》，《马克思主义研究》，2016年第2期。

30. 李惠斌：《重读〈共产党宣言〉——对马克思关于"私有制"、"公有制"以及"个人所有制"问题的重新解读》，《当代世界与社会主义》2008年第3期。

31. 李景鹏：《〈共产党宣言〉与社会主义现代化》，《江苏社会科学》2000年第1期。

32. 李平：《对〈共产党宣言〉中人类解放历史进程思想的思考》，《探索》2007年第1期。

33. 李士坤：《〈共产党宣言〉与社会主义实践》，《北京大学学报（哲学社会科学版）》2002年第5期。

34. 李晓光：《〈共产党宣言〉对各类"社会主义"的分析批判及其当代价值研究——纪念〈共产党宣言〉发表170周年》，《思想教育研究》2018年第5期。

35. 李银河：《法律与婚外性关系》，《读书》1999年第1期。

36. 李忠军、刘怡彤：《〈共产党宣言〉关于政治信仰的论述探析》，《思想理论教育导刊》2019年第12期。

37. 林剑：《〈共产党宣言〉关于资本主义的三个预测及其历史验证》，《马克思主义与现实》2017年第5期。

38. 刘保国：《阶级观点和阶级分析方法的当代意义》，《马克思主义研究》，2009年第8期。

39. 刘刚：《〈共产党宣言〉中形形色色的"社会主义"及其批判》，《思想教育研究》2018年第8期。

40. 刘国胜：《〈共产党宣言〉与现代性问题》，《中南民族大学学报（人文社会科学版）》2015年第6期。

41. 刘海军、王平：《论〈共产党宣言〉的分配正义观及其当代启示——纪念〈共产党宣言〉发表170周年》，《社会主义研究》2018年第3期。

42. 刘建其：《所有制与人的全面发展——重读〈共产党宣言〉有感》，《当代思潮》2003年第2期。

43. 刘明华、郭强：《〈共产党宣言〉全球化思想研究述评》，《吉首大学学报（社会科学版）》2011年第3期。

44. 刘珍英：《〈共产党宣言〉中的政治经济学批判思想及其现实意义》，《毛泽东邓小平理论研究》2019年第2期。

45. 刘志超：《〈共产党宣言〉的思想政治教育原理及其当代启示》，《科学社会主义》2008年第5期。

46. 刘志华、冯立刚：《〈共产党宣言〉中阶级斗争思想的解读》，《人民论坛》2011 年第 5 期。

47. 栾亚丽：《马克思社会发展理论的价值维度探究——由重读〈共产党宣言〉说开》，《湖南师范大学社会科学学报》2008 年第 5 期。

48. 宁德业：《〈共产党宣言〉的文化思想及其当代价值》，《当代世界与社会主义》2018 年第 1 期。

49. 庞中英：《族群、种族和民族》，《欧洲》1996 年第 6 期。

50. 蒲国良：《关于资本主义概念的讨论述评》，《当代世界与社会主义》2004 年第 3 期。

51. 秦刚：《从〈共产党宣言〉看社会主义在中国的发展》，《理论视野》2008 年第 8 期。

52. 申文杰、张骥：《〈共产党宣言〉中蕴含的意识形态理论及时代价值分析》，《求实》2011 年第 8 期。

53. 苏力：《"酷一点"》，《读书》1999 年第 1 期。

54. 孙亮：《"劳动逻辑"的重构与重读〈共产党宣言〉》，《马克思主义与现实》2018 年第 5 期。

55. 田海舰：《〈共产党宣言〉的现代性批判思想及其当代价值》，《马克思主义理论学科研究》2019 年第 4 期。

56. 田心铭：《论〈共产党宣言〉的核心思想——纪念马克思诞辰 200 周年〈共产党宣言〉发表 170 周年》，《政治学研究》2018 年第 2 期。

57. 汪亭友：《岂能如此曲解〈共产党宣言〉关于"消灭私有制"的思想——与董德刚先生商榷》，《马克思主义研究》2012 年第 5 期。

58. 王芳、于少青：《〈共产党宣言〉中资本历史使命思想及其当代启示》，《社会主义研究》2018 年第 3 期。

59. 王建刚：《马克思"真正共同体"思想形成的文本考据——以〈共产党宣言〉为界》，《中共中央党校学报》2018年第5期。

60. 王锦侠：《〈共产党宣言〉与全球化》，《学术研究》2001年第3期。

61. 王浦劬：《习近平新时代中国特色社会主义政治发展思想论析》，《政治学研究》2018年第3期。

62. 王巍：《马克思道德概念的两种理解——基于〈共产党宣言〉的分析》，《江西社会科学》2016年第7期。

63. 卫兴华：《对错解曲解马克思"重建个人所有制"理论的辨析》，《河北经贸大学学报》2014年第3期。

64. 卫兴华：《究竟何人最先从经济制度涵义上使用"资本主义"和"市场经济"概念？》，《马克思主义研究》2000年第6期。

65. 乌小花：《论"民族"与"族群"的界定》，《广西民族研究》2003年第1期。

66. 吴波、秦志龙：《〈共产党宣言〉的"资本逻辑"批判》，《长白学刊》2018年第6期。

67. 吴海江、包炜杰：《对〈共产党宣言〉中"消灭私有制"的再思考》，《马克思主义理论学科研究》2017年第3期。

68. 吴向东：《马克思与"资本主义"》，《马克思主义研究》2000年第4期。

69. 吴宣恭：《对马克思"重建个人所有制"理论的再理解》，《马克思主义研究》2015年第2期。

70. 吴照玉：《从消灭私有制到重建个人所有制：马克思共产主义概念的话语建构》，《教学与研究》2016年第2期。

71. 谢成宇、孙来斌：《革命主体与阶级意识：〈共产党宣言〉的有关思想及其当代意义》,《江汉论坛》2011年第2期。

72. 谢卓芝:《资本逻辑与人的逻辑的较量——〈共产党宣言〉的解读新视域》,《理论月刊》2019年第6期。

73. 信春鹰:《法治的局限》,《读书》1999年第1期。

74. 熊光清:《〈共产党宣言〉中的党际关系思想》,《湖南师范大学社会科学学报》2018年第6期。

75. 许婕:《"重建个人所有制"的文本解读》,《马克思主义理论学科研究》2019年第5期。

76. 徐杰舜:《论族群与民族》,《民族研究》2002年第1期。

77. 许清江:《也谈资本主义一词的使用》,《读书》1997年第1期。

78. 许耀桐:《〈共产党宣言〉中的社会主义民主理论》,《党政研究》2018年第5期。

79. 杨光斌、杨果:《"人民—阶级—团体"的语境与表达》,《探索与争鸣》2016年第1期。

80. 杨则俊:《关于汉民族形成问题的一些意见》,《教学与研究》1955年第6期。

81. 张当:《〈共产党宣言〉中阶级斗争理论的两种阐释路向与反思》,《教学与研究》2019年第3期。

82. 张国启:《共产主义运动视野中的社会革命化思想及其当代意义——以〈共产党宣言〉为例》,《马克思主义研究》2019年第12期。

83. 张双利:《论〈共产党宣言〉对资本主义的批判》,《探索与争鸣》2018年第5期。

84. 张卫良、周东华:《对马克思"资本主义"概念的再认识》,《史学理论研究》2001年第4期。

85. 张锡恩：《消灭私有制：是目的还是手段——重析〈共产党宣言〉"消灭私有制"的论断》，《当代世界社会主义问题》2001 年第 4 期。

86. 张旭：《〈共产党宣言〉中的所有制思想及其当代价值》，《江西社会科学》2008 年第 2 期。

87. 张宇：《努力探索和完善中国特色社会主义政治经济学理论体系》，《政治经济学评论》2017 年第 2 期。

88. 张正明：《试论汉民族的形成》，《历史研究》1955 年第 4 期。

89. 赵曜：《〈共产党宣言〉与中国特色社会主义》，《求是》2008 年第 12 期。

90. 周新城：《必须坚持马克思主义的阶级观点和阶级分析方法》，《政治经济学评论》2011 年第 3 期。

91. 周新城：《论恩格斯对马克思主义公平观的科学阐述》，《马克思主义研究》2006 年第 2 期。

92. 周新城：《马克思恩格斯公平思想研究》，《红旗文稿》2005 年第 14 期。